대종사님 당대 제자들의 감각감상문

서문 성 엮음

| 들어가는 글 |

대종사님 당대 제자들의 감각감상문

　소태산 대종사님 당대 선진님들은 어떻게 공부하셨을까 하는 의문이 있었습니다.

　그러던 중 교단 초기 정기 간행물인 〈월말통신〉, 〈월보〉, 〈회보〉는 선진님들이 어떠한 환경 속에서 어떠한 신성으로 공부하고 교화하셨는지를 알 수 있게 하였습니다.

　많은 내용 중 선진님들의 감각감상문은 한 단어 한 줄, 한편 한편이 표현에서부터 투박하면서도 신성이 그대로 배어 있어 담백한 순백색의 글이기에 문장이나 문맥보다는 그 속에 담겨 있는 마음을 느낄 수 있어 눈과 머리가 아닌 가슴으로 읽을 수밖에 없었습니다.

　선진님들의 감각감상문은 예회나 정기훈련 등에서 발표한 것을 선진님 자신이 직접 쓰신 것도 있고 교무님이나 교도님이 수필하여 소개한 것도 있습니다.

　소태산 대종사님 당대에는 소태산 대종사님의 법문만 〈법설〉이라 하였고 그 외 선진님들의 말씀은 강연 또는 감상담이라 하였습니다. 그리하여 선진님들의 설교와 강연이 정기간행물에 감상문으로 발표되었습니다.

 많은 감상문 중에서 한 자리에 모은 70편은 설교식이나 강연식이 아닌 생활 속에서 공부와 사업을 하시면서 느낀 감각감상문으로 엮은이 개인이 선별하여 발표 연대별 순서로 엮었습니다.

 세월이 많이 흐른 만큼 약간의 윤문과 주를 달았으며, 맞춤법과 띄어쓰기를 엮은이 임의로 정리했습니다. 그리고 이해하는 데 조금이나마 도움이 될까 하여 감각감상 당시의 상황을 〈월말통신〉, 〈월보〉, 〈회보〉와 《원불교 제1대 창립유공인 역사》를 비롯하여 각종 자료들을 참조하여 도움 글을 덧붙였습니다.

 도움글에서 인용문들은 윤문이나 현대의 표기에 맞게 맞춤법 등을 정리하지 않은 것은 옛글 옛표현 그대로 두어 그 당시의 상황을 전하고자 함이었습니다. 그러나 정기간행물이 중단되기도 하고 일제에 의해 폐간되고, 또 〈회보〉 제30호 ~ 65호 까지는 각 지역 예회록에 예회 날짜만 소개하는 등 간단히 기록되어 당시의 상황을 알 수 없었던 점이 있었습니다.

불법연구회 당시 정기간행문을 살펴보면 원기 13년 제1회 기념총회를 마치고 본관(총부) 연구부에서 교단 최초의 정기간행물인 〈월말통신月末通信〉을 5월말 창간호를 시작으로 월 1회 간행하였습니다. 그러나 원기 15년(1930) 12월까지 제34호를 발간하고 1년간 중단되었습니다. 이는 전에 없던 불경기로 본관의 유지대책에 큰 타격을 입을 정도의 어려움으로 인한 것이었습니다. 원기17년 4월에 〈월말통신〉 제35호를 복간하고 제36호부터는 〈월보月報〉로 개제하였습니다.

〈월보〉는 그 후 1년간 제48호까지 발행되었습니다. 그러나 일제하 조선총독부 출판물법에 의한 허가와 검열 절차가 삼엄해지면서 원기 18년 5월호인 〈월보〉 제48호가 임의(任意) 발행 사실이 그들에게 적발되어 전 발행부수를 압수당하고 폐간되고 말았습니다.

〈월보〉가 폐간되자 조선총독부의 허가를 얻어 제호를 〈회보會報〉로 바꾸어 원기 18년 8월호를 창간호로 발행하였습니다. 그러나 〈회보〉 창간호부터 게재될 원고를 사전에 이리경찰서에 제출하여 총독부 경무국 도서과의 검열을 거쳐서 발행 지령을 받아 간행할 수밖에 없었습니다.

〈회보〉는 원기 25년(1940) 제65호를 발간하고 간행이 중단되었습니다. 중단된 사유는 제2차세계대전으로 인한 물자부족, 인쇄비 인상 등이 가장 큰 원인이라 할 수 있으나 그보다 조선총독부의 친일화 요구가 증대한 데 있다고 볼 수 있습니다. 그 후 원기 30년(1945) 광복이 될 때까지 정기간행물이 간행되지 못하여 소태산 대종사님 만년의 법문 등과 교단 상황의 기록이 상당 부분 전해지지 못한 점은 초기교단 역사에 너무나 큰 손실입니다.

위와 같이 정기간행물의 변천 속에서도 일제하의 시대를 읽을 수 있습니다. 우리 민족에 있어서 얼마나 통한의 역사였습니까.

불법연구회에도 다른 것은 다 접어 두고라도 일제 탄압의 소산으로 초기교단사를 바르게 이해하는 데 있어 공백이 너무 큽니다.

글머리를 쓰다 보니 너무나 길어지는 것 같아 각설하고 여러 면에서 엮은이의 연구 부족으로 자세한 도움 글을 쓰지 못한 아쉬운 점과 선진님들의 신성에 누가 되지 않았어야 할 텐데 하는 마음입니다.

어찌 되었던 간에 엮은이는 선진님들의 글에서 어떤 유명인의 글보다도 어떤 명작보다도 많은 감명을 받아 읽고 또 읽었다는 말씀을 끝으로 글머리를 줄입니다.

서문 성 합장

| 목차 |

1. 만법귀일 일귀하처

만법귀일 일귀하처　17
저수지를 바라보며 한 생각　20
법설을 들으면　23
화첩유경실 어다이실중　26
심전제초　30
지방 행가시 보아 두었던 일　35
습관 개혁에 대하여　39
참 선생을 찾아 그 선생의 가르침은 받읍시다　42
무슨 일이나 모를 때는 미신이요 알고 보면 미신이 아닙니다　45
독실한 신앙은 성공의 어머니　48

2. 술 취한 운전수를 보고

완전한 접목이 됩시다   55
조실 마루에 앉아   58
면경을 본 나의 느낌   60
공부하는 사람과 안하는 사람의 구별   62
술 취한 운전수를 보고   65
부친의 교훈을 듣고   70
일진 흑운을 보고   73
갑술하선 중 얻은 나의 감상   77
단결 없는 사람은 미물만 못하다   82
수박 따는 것을 본 나의 감상   85
마음 놓고 뛰는 송아지를 본 나의 감상   88
종사님 지도하심에 절대 복종하리라   91
풍우상설을 다 겪어도 도문종자 되어 보리라   94
지환선씨의 독실한 정성을 보고   98
모든 것이 종사님 은혜   103
물질이 발명된 것을 보고   107
마령회관 우물을 본 나의 감상   110
수도자일수록 폐물 이용에 힘쓰자   113

제비 새끼의 죽음을 본 나의 감상　116
처음으로 선방에 들어앉은 나의 느낌　119
보따리를 지고 가는 나의 땀과 구루마를 끌고 가는 저 사람의 땀　122
원이 없는 자는 마른 나무와 같다　125
바람에 궁구는 양철 세면기를 본 나의 감상　128
내부를 충실히 하라　131
자취하는 함정　134
덕 많고 포용성 있는 사람이 됩시다　138
대도덕 회상에 입참한 나의 감상　143
주인을 잘 만나야 한다　146
현대문명의 횃불을 조심하라　150
종사님을 뵙옵고 도덕 공부를 하게 된 나의 즐거움　153
새벽 종소리를 듣고　157
공부요도 삼강령은 고해의 대교이다　160

3. 마음의 때를 세탁하라

원단의 첫 감상   167
근본을 돌아보아 그 본을 받자   171
자신 얻은 나의 감상   175
을해를 보내고 병자를 마지하여 나의 새 결심   180
우리는 진심을 참읍시다   185
입선감상   188
남의 지도자 되기에 급하지 말고 그 자격 먼저 준비하라   191
지옥생활을 벗어난 기쁨   195
입선소감   198
등대   203
마음에 때를 세탁하라   207
사업의 대소에 대하여   210
부정당한 의뢰심을 두지 말라는 데 대하여   213
우리도 창립주가 되려면   216
인일시지기하면 면백일지우니라   220
방직 공장을 구경한 감상   225
정법을 찾은 나의 기쁨   229
길 잃은 제비를 보고   232

가치 있는 인생이 되기로 하면 규칙의 훈련을 받아야 한다　235
우리의 목적을 성공하려면 부단의 정성이 필요하다　238
인격 양성에 대하여　240
마이산을 구경하고　246
반지를 본 나의 감상　251
종교심의 발로　254
맹아만도 못한 나　259
매사에 기회를 잃지 말아야 성공할 수 있다　262
방죽물의 청탁을 보고 수양의 이치를 알았다　265
벌레 먹은 콩을 보고　268
마음의 때를 닦으라　271

대종사님 당대 제자들의 감각감상문

1

만법귀일 일귀하처
- 〈월말통신〉, 〈월보〉의 감각감상문 -

만법귀일 일귀하처

김남천

　어느 때에 선생님(대종사)께서 금강원(金剛院)[1]에 계시며 일반 선도(禪徒)들로 더불어 매일 아침에 「만법귀일(萬法歸一) 일귀하처(一歸何處)」라는 의두를 문답하실 때 매일 한두 사람에게 물었다. 그 차례차례가 돌아가기를 3,4회에 이르러 벌써 선기 3개월이 되었으나 한 사람도 견성 허가를 얻지 못하였다. 혹 어떤 사람은 이 의두를 어느 때 알 것인가? 하여 초조한 마음을 가지는 사람도 있고 또 어떤 사람은 나는 못 알 것이라 하여 스스로 낙심하는 사람도 없지 아니하였다. 이때 김남천씨의 밝으신 감각을 듣고 여러 사람들은 안심을 하게 되었으니, 그의 감각은 아래와 같다.

　「제가 어느 때에 암탉이 병아리 까는 것을 보았습니다. 10여개의 알을 품고 주야로 쉬지 않고 20여일을 두고 궁굴리더니, 급기야 깨

---

1) 금강원(金剛院) : 김남천의 원기 12년 12월 26일의 감각문에 금강원이라는 표현은 원기 13년 6월 22일(음 5.5)에 금강원을 낙성해 소태산 대종사가 입실하였다고 한 〈월말통신〉 제2호의 조실 낙성 기사와 대치된다. 김남천의 감각문에서 금강원이란 표현은 감각문을 소개한 원기 13년 음9월호인 〈월말통신〉 제7호가 발행될 때 정리하여 소개하면서 영춘헌 또는 도치원에서 있었던 상황을 금강원이라 하였는지 아니면 원기 13년 금강원이 건축되기 전부터 소태산 대종사가 계신 곳을 금강원이라 한 것인지는 알 수 없다.

어질 시기가 되니 하나씩 둘씩 차례차례 깨어지는 중 암탉의 품을 벗어난 것만 고란(枯卵)[2]으로 깨어나지 못하더라. 그런데 우리 선생님께옵서 날마다 이 의두로써 우리를 궁굴려 주시는 것이 꼭 앞에 말한 암탉이 병아리 깨는 것과 같다고 생각하였습니다. 그러면 우리도 선생님의 가르치시는 법에 벗어나지만 아니하고 될 만한 한도까지 닦아가면 미망(迷妄)[3]의 껍질이 다 버서지고 대원(大圓)한 성체(性體)가 드러날 줄로 자신합니다.」

　　　　　　　　　　원기 12년 제6회 정기훈련 즉 정묘동선(음 11.6~2.6)에 40여명이 입선하였다. 선원에서 아침 좌선시간으로는 의두문답이 있었다. 원기 12년 12월 26일 아침 의두문답에 대한 각산(角山) 김남천이 이야기한 감각을 연구부 서기 송도성이 수필하여 원기 13년 음 9월호인 〈월말통신〉 제7호에 소개하였다.

　김남천은 원기 4년 입문하여 변산 실상초당에서부터 소태산 대종사를 시봉하며 가난한 생활속에서도 청법낙도하였다. 그는 전주 출신이며 한결같은 신성으로 소태산 대종사의 지도아래 공부와 일을 하였으며 원기 26년 73세로 열반하였다. 그는 열반하기 전까지도 성리 연마를 놓지 않았다. 열반하기 3일 전 간신히 지팡이에 의지하여 조실(현 구조실)을 찾았다.

---

2) 고란(枯卵) : 죽은 계란.
3) 미망(迷妄) : 사리에 어두워 갈피를 잡지 못하고 헤맴.

"몸이 불편할 터인데 어찌 이렇게 왔는가?"

"제가 종사님 문하에 산 지가 20여 성상이 되는데 아직도 견성인가를 얻지 못하였습니다. 그래서 떠나기 전에 한 번 감정을 받아야겠다고 생각했습니다."

"그러면 만법귀일을 일러라"

"청정법신불이 아닙니까?"

"알았으니 가거라."

"그러면 인정해 주시는 겁니까?"

"알았네."

그로부터 사흘 뒤 김남천은 열반하였다.

소태산 대종사 말하였다.

"남천이와 같은 신앙심과 원력이 있으면 다음 생에는 쉽게 견성할 것이다."

저수지를 바라보며 한 생각

이준경

무진년(원기 13년) 여름 사이에 가뭄이 심하여 이앙이 늦어져 일반 농가의 큰 걱정이 되었다. 그러나 본회 농업조합에서 경영하는 농사짓는 곳은 대개 임익수리조합(臨益水利組合)[4]의 물이 닿는 구역인 관계로 지금과 같은 큰 가뭄에도 걱정 없이 이앙(모내기)를 하게 되어, 농업원 이준경씨는 이에 대하여 한 감각이 있었다 하니 그 감각된 말씀은 아래와 같다.

「저는 저 양양한 수리조합 저수지를 바라보며 홀연히 생각을 한 번 하여 보았습니다. 저 수리조합은 원래에 있던 것이 아니라, 근대 사람들의 명석한 두뇌로써 깊이 연구한 결과 적은 지역을 희생으로 하여 많은 곳에 이익이 될 만한 훌륭한 기관을 설비하고 보니, 그야말로 인력으로써 능히 천재(天災)를 방어하는 바가 되었으니 참으로 자리이타(自利利他)[5]가 아니라 할 수 없습니다. 수리조합은 이

---

4) 임익수리조합(臨益水利組合) : 우리나라 3대 호수 중의 하나였던 황등호수는 황등에서 익산총부 옆 현 원광대학교 일부까지 호수였다. 충청도와 전라도를 경계 짓는 큰 호수로 호수 이남을 호남이라고 하는 이름이 유래됐다고도 한다. 1923 대아리 저수지, 1937년 경천저수지가 신설되어 임피, 만석들녘의 수리시설이 확보됨으로써 호수를 옥토로 전환하기 시작하여 점차 기능을 상실해 갔다. 황등호수를 일제가 '임익수리조합' 저수지라 명칭하였다.

익을 입은 인민으로부터 물세 수익이 있으니 이익이라 할 것이요, 이익 입은 인민은 물세 얼마만 지불하면 아무리 큰 가뭄이라도 안심하고 농사를 짓게 되었으니 이익이라 할 것입니다. 과연 사람의 연구 위력은 실로 이같이 필요한 것이로구나 하는 동시에 우리 선생님(대종사)께옵서 새로이 깨우쳐 인도해 주시는(開導) 삼강령 팔조목[6]으로 공부하며 지묘(至妙)한 교리와 무량한 공덕을 한번 생각하여 보았습니다.

만약 우리 인생이 이 법을 알아서 행할진대 행주좌와 어묵동정에 무시간단(無時間斷)으로 이익이 될 것이며 또는 이 법을 행함에 대하여 특별한 수고가 될 것도 없으니 우리 동지되신 모든 사람은 일심합력하여 우리의 삼강령 팔조목으로 혜복의 길을 개척하고 본회(불법연구회)의 기초를 영원한 세상에 완전히 세워 놓으면 이 세상을 모든 이익의 구역으로 하여 일체중생에게 무량한 공덕을 입힐 것이니 이 세상의 모든 일체중생은 본회로 인하여 복리를 증진하고 본회는 이 세상의 모든 일체중생으로 인하여 기초가 섰으니 이게 이른바 자리이타가 아니고 그 무엇이리요. 이러한 기회를 만난 저는 한층 힘차게 나아가 거창한 이 사업을 성공하여야 될 것임을 각오하고 마음의 맹세를 하였습니다.」

---

5) 자리이타(自利利他) : 남도 이롭게 하면서 자신도 이롭게 하는 것.
6) 삼강령팔조목(三綱領八條目) : 삼학팔조의 옛 이름. 삼강령은 정신수양·사리연구·작업취사, 팔조목은 신·분·의·성·불신·탐욕·나·우 이다.

평산(平山) 이준경은 영광 천정리에서 태어나 삼산 김기천 종사가 17세부터 3년간 서당 훈장을 할 때 한문을 배웠다. 그는 김기천의 인도로 입교하여 변산 봉래정사, 정읍 내장사 등에서 소태산 대종사를 시봉하였으며, 창립총회에 영광지방 대표로 참석하였고, 익산 송학리 동양척식회사 논을 빌려 팔산 김광선 등과 농사를 함께 지었다. 그 후 총부 건설에 참여하여 도치원(현 본원실, 세탁부) 건설과 엿장사도 하였다. 원기 11년부터 총부 농업부원으로 근무하면서 황등과 만석평의 농사를 짓고 원기 14년부터는 8년간 만덕산 관리 수호를 하였다. 그는 농업부원으로 만석평의 농사를 지으며 임익수리조합의 물과 관련되어 느낀 감각을 원기 13년 5월 3일 발표하였다. 발표한 감각문은 원기 13년 음 9월 말 발행된 〈월말통신〉 제7호에 소개 되었다.

〈월말통신〉 제7호에서는 김남천의 「만법귀일 일귀하처」의 감각문과 이준경의 감각문을 소개하면서 ,
 - 2건의 감각은 이미 견문법식안에 등록된 것이올시다. 비록 문사(文辭)가 찬란치는 못하나 심장한 그 의지는 우리 공부인에게 한 번 광고할 가치가 있는 줄로 자신하나이다. 차후로는 어떠한 형제(동지)든지 여하한 경우 또는 여하한 사정에 접응하여 혹 어떠한 감각이 나시거든 그 감각된 사유의 강령만 적어서 본 연구부로 보내주시든지 직접 본관에 오셔서 말씀으로 하여 주시든지 될 수 있는 대로 맑은 정신해(精神海)에서 흘러내린 좋은 감각을 소각시키지 마시고 후세에 법이 되게 하여 주옵소서.- 라고 하였다.

법설을 들으면

송벽조

　선생님(대종사)께옵서 금강원에 계시사, 모든 제자에게 장시간 설법하여 주시고, 일반에게 물으시되,「여러분은 나의 말을 들으면 후일에 기억이 남아 있으며 적용처를 당하면 실지로 이용하게 되는지 의문이요.」하시니, 한 제자 대답하기를「저는 선생님의 법을 들을 때에는 다소간 의미를 알아듣사오며 말씀 말씀이 감복되어 그 말씀을 각골명심(刻骨銘心)[7]을 하려 하오나, 정신이 혼매(昏昧)[8] 하여 그 좌석에만 벗어나면 다 잊어버리고 한 말씀도 들은 것 같지 않으며, 더구나 세상에 발길을 들여놓으면 미약한 정신이 백방으로 흔들려서 공부의 관념도 전혀 없는 날이 허다하옵니다.」하니 좌우에서「그 말이 옳습니다. 저도 그렇습니다.」하는 소리가 이구동성으로 울려나오게 되었다.
　선생님께옵서 다시 물으시되,「그러면 말 듣는 것이 무슨 효력이 있겠소? 만약 효력이 없다면 여러분이 수고스럽게 와서, 장시간 지

---

7) 각골명심(刻骨銘心) : 어떤 일을 뼈에 새길 정도로 마음속 깊이 새겨 두고 잊지 아니함.
8) 혼매(昏昧) : 어리석어서 사리를 잘 모름.

루하게 들으시느라고 수고스러울 것이 없을 듯 하외다. 다시 묻노니, 여러분이 잃어버린다 해도 듣는 것이 나을는지? 아니면 그만 작파하는 것이 옳은지?」 하시니, 이 말씀이 끝나자 송벽조 말하기를 「저는 방금 그 말씀에 한 감각된 바가 있사와 한 말씀 사뢰고자 하옵나이다.

  법설을 듣는 것에 대하여 기억이 되고 안 되고간에 하여간 유익함이 있는 것은 확실히 믿습니다. 실증을 들어 말씀하오면 사람이 식물을 먹으면 그 먹은 것이 다 소화되어 전부 분뇨로 배출되나, 그 진기(眞氣)가 각 기관을 통하여 온 몸에 두루 퍼짐으로 따라서 신체의 건강을 안보하는 것이올시다. 그와 마찬가지로 수양력 부족한 사람으로서 처음으로 정법을 들을 때에 듣는 그대로 다 기억이 되어 있지 아니할 것은 사실이나 잃어버린다고 효력이 없는 것은 결코 아니라 생각합니다. 한 번 듣고 두 번 들으며, 한 번 보고 두 번 보아 여러 번 듣고 볼수록 그 말씀에 귀가 설지 아니하고 그 행동에 눈이 설지 아니하며, 부지중 습관 안에 익어지고, 풍속에 익어져서 도와 덕이 저신저골(貯身貯骨)[9] 이 될 것이니 감화의 힘이 어찌 위대하지 아니하리오. 만약 이 뜻을 깨닫지 못하고 몇 차례를 들어보다가 별 신통한 것도 없고 기억도 잘 되지 않는다 하여 그만 낙심하고 법 듣는 것에 성의가 없어지면 기질변화(氣質變化)가 되지 못할 줄 아옵니다.」

---

9) 저신저골(貯身貯骨) : 온 몸과 뼈 마디마디에 쌓임.

원기 9년 익산에 총부기지를 정한 후 도치원(道峙院 : 현 본원실, 세탁부)를 건축하고 총부 공동생활이 시작되었다. 그 후 원기 13년 새 회상 최초의 한옥 기와집(영춘헌, 현 구조실)에서 제1회 기념총회(음 3월 26일~28일)를 한 후, 도치원 뒤에 금강원(金剛院)을 지어 소태산 대종사 음 5월 5일 입실하였다.

소태산 대종사 금강원에 주석하자 제자들은 이 집을 조실(祖室)이라 불렀다. 이후부터 종법사가 머무는 집을 조실이라고 하기 시작했다.

총부 생활은 낮에는 사무실, 산업부 등에서 일을 하고 저녁에는 금강원에 모여 소태산 대종사의 설법을 받들었다. 금강원에서 수많은 법문을 설하자 제자들은 금강원을 일명 설법원이라고도 불렀다.

구산(久山) 송벽조는 정산종사의 부친으로 정산종사가 소태산 대종사께 귀의하자 원기 4년 가족과 함께 경북 성주에서 영광으로 이사하였다. 원기 9년부터 영산 영산원(靈山院) 옆(법모실法母室)으로 이사하고, 원기 13년 두 아들(송규, 송도성)의 뒤를 따라 출가하여 영광(영산지부) 선원 교무로 임명되어 전무출신 생활이 시작되었다.

원기 13년 송벽조가 익산 총부에 왔다가 금강원에서 소태산 대종사의 법문을 받들고 감각된 바를 발표하자 연구부 서기인 송도성이 정리하였다. 송도성은 연구부 업무를 전담하였다. 연구부 업무는 공부인의 감각감상, 문목, 의견안, 처리안 등을 모집 편성하여 소태산 대종사께 감정을 받아 〈월말통신〉에 발표하는 것이었다.

송벽조의 감각안은 원기 13년 음 10월 30일에 발행된 〈월말통신〉 제8호 감각편에 소개되었다.

화첩유경실 어다이실중
花疊猶輕實 語多易失中

김기천

　꽃이 너무 황홀하면 열매가 오히려 가볍고 말이 너무 번거하면 대중 잡기가 어렵다는 이 한 글귀는 금년 봄에 홍도화[10]를 보다가 얻은 나의 감각입니다. 따뜻한 봄바람이 불어온 옛 집 뒤 정원에는 백화가 앞다투어 핀 그 가운데 가장 사람의 눈에 띄는 것이 홍도화이었습니다. 배꽃, 살구꽃, 감꽃 그외 어느 꽃을 물론하고 홍도화와 비교할 자 없었습니다. 나는 한참 동안 홍도화에 애착심을 가지고 잘 구경하다가 홀연히 그 결실될 것을 한번 생각하여 보았습니다. 꽃이 그와 같이 황홀한 만큼 열매도 크고 아름다울 것인가? 아니 그렇지 않다 홍도화의 열매로 말하면 참 복사(복숭아)의 씨(桃仁) 보다도 더 작으며 맛 없는 것이다. 그것을 미루어 볼진대 홍도화뿐만 아니라 무슨 꽃이나 너무 그렇게 겹겹이 피어 황홀한 것은 다 열매가 시원치 못하고나 할 때에 나는 깊이 느낀 바가 한 가지 있었습니다. 그 느낀 바는 다름이 아니라, 사람의 말이나 글이나 다 그와 같

---

10) 홍도화(紅桃花) : 복숭아 나무와 비슷하나 농홍색 꽃잎이 여러 겹으로 포개져 있어 매우 아름다워 관상용으로 키운다.

은 것인 줄 알았습니다. 너무 번거러우면 매우 자상할 것 같지만 그 자상이 도리어 자상하지 못하는 수가 있으니, 만약 번거롭기만 하면 말하는 사람 자체에서도 흔히 근본 잡기가 어렵고 듣는 사람의 처지에 있어서도 요령을 얻기 어렵습니다. 그런 고로 달마대사는 「불립문자(不立文字) 불의언어(不義言語) 직지심불(直指心佛) 견성성도(見性成道)」라 문자에 끌리지도 말고, 언어에 팔리지도 말고 곧 마음 부처를 알아서 견성과 성도를 하라 하셨고, 중국 상고시대의 글인 요전(堯典), 순전(舜典)이 간단한 문서로만 있었으되 다 그 당대에는 많은 성인과 현인들이 비온 뒤 죽순처럼 이어 계승하였다. 그러나 한, 당, 송 이후로 문사(文辭)가 번잡한 세상에는 도리어 성적(聖跡)이 도무지 나타나지 않았으니 이것을 볼진대 마음공부가 반드시 가까운 데 있는 것이요 먼 데에 있지 아니하며, 쉬운 데 있는 것이요 어렵고 복잡한 데에 있지 아니 한지라, 우리 사부주(대종사)께옵서 우리를 가르치고 인도하시는 삼강령 팔조목의 빠른 법과 취지경전[11]의 명료하신 문구가 몇 장의 종이를 허비하지 않고 모두 갖추어 있나이다. 삼강령 팔조목과 취지 경전의 몇 장 안되는 보감은 참으로 천추만대(千秋萬代)를 통하여 많은 부처와 성현을 조성(造成)하는 원료인 줄 알았나이다.

---

11) 취지경전(趣旨經典) : 취지규약서는 불법연구회 창립총회시(원기 9년 음 4. 29) 임시 인쇄하였으나 원기 12년 3월에 미비점을 수정 보완하고 교과 내용을 합쳐서 [불법연구회 규약]이란 책자로 불법연구회 최초로 펴낸 교서다. 일명 노란가위 취지서라 불리는 [불법연구회 규약]을 취지경전이라 부르기도 하였다.

삼산(三山) 김기천은 틈만 나면 책을 가까이 하고 좌선하기를 좋아하였다. 그가 원기 13년부터 14년까지 총부 서무부[12]서무부장으로 있으면서 원기 13년 봄에 영광 천정리 천기동 본가에 갔다가 집 뒤에 핀 홍도화를 본 감각을 발표한 것을 연구부 서기 송도성이 수필하여 원기 13년 11월호인 〈월말통신〉 제9호에 소개하였다.

원기 13년은 김기천이 새 회상 최초로 견성인가를 받은 해이다. 김기천 서무부장을 모시고 서기로 근무했던 김영신(융타원)에 의하면 원기 13년 가을, 소태산 대종사는 영춘헌(현 구조실)에 법좌를 차리고 종을 쳐 총부 대중을 불러 모았다고 한다.

소태산 대종사는 대중에게 의두요목 하나씩을 주며 물었다. 제자들이 대답을 하였으나 김기천만이 끝까지 소태산 대종사의 물음에 답하였다. 소태산 대종사가 김기천에게 어떤 의두를 물었고 김기천이 어떤 대답을 하였는지는 새 회상 역사에 중요한 내용이나 전해지지 않는다.

소태산 대종사는 김기천의 성리 설하는 것(의두요목에 대한 답)을 듣고 견성인가를 하였던 당시의 법문이 〈대종경〉 성리품 22장에 전한다.

대종사 선원에서 김기천의 성리 설하는 것을 들으시고 말씀하시기를 "오늘 내가 비몽사몽간에 여의주(如意珠)를 얻어 삼산(三山)에게 주었더니 받아 먹고 즉시로 환골탈태하는 것을 보았는데, 실지로 삼산의 성리 설하는

---

12) 서무부 : 서무부는 직인(職印)을 보관하며, 사회를 응접하고 회금을 수입하여 각 방면에 지출하며, 다른 부서에 관계치 않는 각 항 사무를 처리함.

것을 들으니 정신이 상쾌하다." 하시고, 말씀하시기를 "법은 사정(私情)으로 주고 받지 못할 것이요, 오직 저의 혜안이 열려야 그 법을 받아들이나니, 용(龍)은 여의주를 얻어야 조화가 나고 수도인은 성품을 보아서 단련할 줄 알아야 능력이 나나니라." 하시니, 문정규 여쭙기를 "저희가 일찍부터 정산을 존경하옵는데 그도 견성을 하였나이까." 대종사 말씀하시기를 "집을 짓는데 큰 집과 작은 집을 다 같이 착수는 하였으나, 한 달에 끝날 집도 있고 혹은 일년 혹은 수년을 걸려야 끝날 집도 있듯이 정산은 시일이 좀 걸리리라."

새 회상 최초의 견성인가에 김기천은 대중들의 박수와 찬탄의 선망을 한 몸에 받았고, 이청춘 등은 '우리 회상에 견성도인이 나셨다' 며 덩실덩실 춤을 추었다.

심전제초
心田除草

이춘풍

　벌써 여러 해 전에 작은 것을 느꼈었던 바인데 우연히 생각이 나서 몇 말 하여 볼까 하나이다. 춘풍이 부안 봉래산 실상초당에 있을 때에 그 어느 날 초당 앞의 산전(山田)을 매었습니다. 밭을 매며 앞을 바라본즉 잡초가 무성하여 도리어 정곡(正穀 : 바른 곡식)을 덮었으니 마치 번뇌 세상을 당한 듯한 느낌이 있고 뒤를 돌아다 본즉 잡초란 한 개도 없이 정곡만 나타나서 꼭 청정한 법계를 대하는 듯한 상쾌한 생각이 나더이다. 나는 그 때에「오! 사람의 마음도 닦고 안 닦는 데에 이러한 차이가 있는 것이로다.」하고 깊고 절실히 느끼는 동시에 호미를 멈추고 곰곰이 생각하여 보았습니다. 「그러면 사람의 마음 밭을 묵게 하는 잡초가 그 무엇인가? 다름 아니라 오욕(五慾)[13]이다. 저 밭에 잡초를 심지도 아니 하였고 키우지도 아니 하였건마는 저절로 나서 저절로 크는 것과 같이 사람의 오욕은 가르치지 아니 하여도 자연적으로 생기는 것이며 오욕이 생겨나 반근착

---

13) 오욕(五慾) : 중생심을 가지고 있는 인간이 갖고 있는 다섯 가지 기본적인 욕망. 식욕 · 색욕 · 재물욕 · 명예욕 · 수면욕을 말한다.

절(盤根錯節)[14] 이 되고 보면 정념(正念)은 봄날에 눈같이 사라지고 마음의 밭은 마침내 번뇌탐착의 바탕이 될 것이니, 그러하면 어찌 되겠는가? 보라 저 잡초가 아무리 무성한들 무슨 결실이 있느냐. 혹 잡초의 종자는 익는다 할지라도 사람이 거두어야 할 정곡은 얻을 길이 없게 될지라. 그와 같이 사람이 일생을 오욕탐착(五慾貪着)으로만 지내다가 하루아침에 우연히 백년의 세상을 뒤로 두고 묘연(渺然)[15] 한 길을 떠날 때에는 수확할 것이 그 무엇이겠는가? 이 세상에서 오욕탐착으로 혹 얻은 것이 있다 할지라도 그는 도저히 거두어 갈 바가 되지 못하느니라. 그러면 거두어갈 것은 무엇인가? 오직 나의 정신과 습관뿐일 것이다. 그런데 정신과 습관이 오욕에 도칠(塗漆)[16]를 당하여 수확할 만한 바른 결과를 얻지 못하였다면 이보다 큰 걱정이 어디 있으랴. 만약 후일의 이 걱정을 면하기로 할진대 지금부터 마음밭의 잡초인 오욕을 없애고 정념을 키우지 아니하면 아니 되겠다 하고 스스로 머리를 끄덕이면서 옆에서 밭을 매고 있는 동자(童子)를 불러 물어 보았습니다. 「이 밭을 어느 때에 매였기로 이와 같이 묵었느냐?」 한즉 동자 답하되 「한 10여일 전에 매었습니다.」

「원, 10여일 전일에 맨 밭이 이렇게 묵어서」 하며 나는 또한 감상이 났습니다. 「그래도 이 밭은 한번을 매면 10여일을 가거니와 나의 마음밭은 일시라도 방심할진대 짧은 시간에 묵은 밭이 되는구

---

14) 반근착절(盤根錯節) : 서린 뿌리와 엉클어진 마디라는 뜻으로 처리하기 매우 어려운 사건을 이르는 말.
15) 묘연(渺然) : 넓고 멀어서 막막하다는 뜻으로 여기에서는 열반의 길을 의미함.
16) 도칠(塗漆) : 칠을 바름.

나. 그러면 한없는 생애에 춘풍은 이 밭을 몇 번이나 묵혔으며 또 몇 번이나 매었든가? 아마도 나의 마음 밭은 맨 지가 이미 오래인지라 오욕의 뿌리가 깊었으니 삼강령의 정예(精銳)[17] 한 기계와 태어나기 어려운 사람의 몸과 만나기 어려운 좋은 기회를 아울러 갖춘 이 때에 모든 악의 뿌리를 완전히 없애지 못하면 영원토록 악도고해에 윤회하는 중생이 될 것이라 깨달았습니다.

　　　　　훈산(薰山) 이춘풍은 구산 송벽조의 인도로 변산에서 소태산 대종사께 귀의하여 경북 김천에서 원기 6년 말에 변산 봉래정사 산 너머인 보안면 종곡으로 이사하여 소태산 대종사와 제자들의 변산-영산간 그리고 각처간 유숙처가 되었다.

　소태산 대종사 익산 총부 건설로 하산하자 봉래정사로 이사하여 부인 정삼리화, 딸 자매인 경순·정화, 양자 총순, 여동생과 함께 농사를 지으며 봉래정사를 수호 관리하였다. 이춘풍은 원기 7년부터 12년까지 변산에서 6년간 느끼고 연구한 감각감상·논설·예문·서간문 등을 원기 12년 음 10월에 편집하여 〈산중풍경〉이라 하였다.

　이는 〈월말통신〉, 〈사업보고서〉가 나오기 이전의 기록으로 교단초기 발전사 연구에 귀중한 자료가 되었다.

　이춘풍은 원기 10년에 출가하여 제2회 정기훈련부터 제6회 정기훈련까지 부인선원(여선원) 교무로 임명되어 선원들을 지도하였다. 원기 13년에

---

17) 정예(精銳) : 잘 단련되고 날쌤.

고종사촌 동생인 송도성, 송규의 뒤를 이어 경성(서울) 출장소 제3대 교무에 부임하였다. 이듬해 4월에 지병으로 휴무하고 봉래정사에서 치료하다가 원기 15년말에 열반하였다. 이춘풍은 변산에서 농사를 지으며 봉래정사를 수호할 때, 밭에 나가 제초 작업을 하며 느낀 감상을 몇 년 후 경성출장소 교무로 재직할 때인 원기 14년 1월 27일 기록하여 원기 14년 음 1월호인 〈월말통신〉 제11호에 소개하였다.

이춘풍의 〈산중풍경〉에 있는 원기 9년 변산에서의 「심전제초」라는 감상문이 〈월말통신〉 제11호에 발표된 감상문과 동일한 감상문으로 볼 수 있다.

산중풍경에 수록된 감상문은 아래와 같다.

- 갑자(원기 9년) 춘 3월에 봉래산 초당에 있는 이춘풍은 밭을 매다가 한 감각이 있었기로 승려 한만허(실상사 주지)를 대하여 말하되,

"내가 저 산전(山田)을 매고 또한 감각된 일이 있었노라" 한대, 만허가 그 생각된 바를 듣고자 하거늘, 춘풍이 답하였다.

"내가 밭을 매고 뒤를 돌아보니 곧 청정법계요, 앞을 바라보니 곧 번뇌(煩惱)라. 밭 매는 경계가 곧 나의 마음 닦는 경계라 하고 마음 닦기를 반드시 이와 같이 하고 보면, 이 청정법계가 곧 내게 있고, 저 번뇌진세가 곧 밭 묵은 것이노라. 어찌 밭매기를 쉬리오. 주야도 모르고 한서도 모르고 일일시시로 근행(勤行)하여 묵은 밭을 매어 놓으니 이 청정한 경계가 곧 나의 마음 청정법계라 하고 즐거운 마음으로 모귀산당(暮歸山堂)하여 고인서(古人書)를 독(讀:읽다)하며 혹 번역하여 기록하기도 하고, 혹 읽기도 하고 외우기도 하다가 밭 매는 경계를 전혀 망각이 되었거늘 10여일 만에 우연히 한 생각이 다시 있는 고로 앞날에 밭 매던 곳을 돌아보니 앞날의 청정법계가

도리어 번뇌진세가 되었은즉 그 연고가 어디 있는고, 하고 다시 생각을 놓지 아니하여 보니 그 연고가 곧 한 편에 착이 있는 바로다 하고 즉시 산당(山堂)으로 돌아와서 스스로 탄식하여 왈(曰), 밭을 한번 매고 잊었으니 그 밭이 어찌 아니 묵으며 마음을 한번 닦고 잊어버렸으니 마음이 어찌 번뇌가 없었으리오. 내가 문자에만 끌리고, 정좌(靜坐)만 하고 있었으면 이 밭이 영영 묵어서 곡식이 없을 것을 내가 다행히 한 생각을 얻은 바가 있었기에 모든 서책(書册)을 수습하여 다시 용맹과 분심을 발하려 온전한 마음으로써 일일시시에 밭을 쉬지 아니하고 매어 놓으니 그 밭이 또 청정법계가 되고 곡식이 도리어 장하여지는지라, 이것을 보건대 어찌 잠시라도 마음을 놓아서 나의 마음 밭을 묵히리오.

불경에 이르되 '법당 앞의 풀을 자주 매라' 하는 것이며, 중용에 이르되 '도(道)란 자(者)는 가히 잠깐도 떠나지 못할 것' 이라 하였으니, 이것이 다 바른 법인 줄 알고야 어찌 삼가지 아니하리요"

한데 만허는 마침 듣기를 심상(尋常)하게 하거늘 나의 말이 도리어 무미(無味)하였도다. -

지방 행가시 보아 두었던 일

이공주

저는 무진년(원기 13년) 겨울에 어느 지방 부호의 모친 생일 찬치를 구경한 일이 있었습니다. 그 잔치는 굉장하여 성대한 물품의 비용도 아마 수 만원이 든 모양이었습니다. 가옥의 장식도 화려하고 음식의 준비도 풍부하여 자기의 친족은 물론 타 지역 사람들까지 청하여 수백리 밖에서도 찾아오는 사람이 상당히 많았으며 기녀, 광대, 북치는 사람 등 30여명을 각지에서 불러다가 근 10여일을 매일 같이 가무(歌舞;노래와 춤)로 날을 보내었으니 그 잡기의 비용만 하여도 아마 우리 불법연구회 창립 초회(初回)의 1, 2등[18] 은 넉넉할 것이었습니다. 그렇게 잔치가 웅장하다고 소문이 퍼져 인근 마을 사람은 물론 수십리 밖 마을에서도 남녀노소 수백명이 아꼈던 의복을 다 내어 입고 구경을 왔었습니다. 그 촌인(村人)들은 큰 잔치에 놀라 정신을 못 차리며 입에는 침이 마르도록 집과 주인을 칭찬합니다.「아이고 집도 좋다 선경이네 선경이야. 저 굿 좀 보아! 참 그

---

18) 창립초회의 1, 2등 : 여기서 창립초회는 제1대 제1회 기념총회를 말하는 것으로 12년간의 결산총회를 원기 13년 음 3월 26일 – 28일까지 총부 강당(현 구조실)에서 있었다. 이 때 1등 유공인은 사업 성적이 4,000원 이상으로 5인이었으며, 2등 유공인은 사업 성적이 2,000원 이상으로 2인이었다.

마누라는 팔자도 좋지. 하늘이 아는 마누라라 이 겨울에 일기조차 따습고 좋아. 하도 굿이 좋으니까 집에 갈 정이 없네」하니 또 한 사람은 「부자도 부자거니와 그 아들이 효자이네. 모두 하늘이 내린 사람들 아닌가」 하며 각각으로 말합니다. 공주는 촌인들의 말을 들을 때에 「나는 보기에 잘하는 것보다 잘못하는 것이 많으니까 좋아도 좋아 보이지 아니하고 물론 칭찬할 것도 없는데 저 촌인들은 칭찬을 하는구나. 촌인의 칭찬이라도 칭찬받는 것은 고마운 일이라고 생각하였습니다. 그런데 내외 빈객(賓客)에게는 무수한 음식이 왕래하나 그 수백 명의 촌인을 대접할 준비는 별로 없었으니 따라서 밥 한술 챙겨 주는 사람이 없었습니다. 촌인들은 고픈 배를 참지 못하여 나중에는 귀빈의 먹고 나오는 상의 음식을 덮치다가 들켜서 매를 맞고 욕을 당하고 실로 야단법석이 납니다. 조금 전의 그와 같이 칭찬하든 그 촌인들은 태도가 변하여 또 이렇게 말하더이다. 「구경은 좋다마는 배가 고파 할 수 있나. 눈은 풍년이요 입은 흉년이니 더욱 죽겠다. 소문에는 굶주린 사람에게는 음식을 주네, 의복을 주네 하기에 잘 얻어먹고 굿도 보고 할 량으로 새벽부터 왔더니」 하는 사람도 있고 어떤 사람은 「배가 고프니까 굿도 보기 싫다」고 그만 가는 사람도 있었습니다. 그때에 공주는 한 감각이 있었습니다.

옛 글에 「군자는 재물로써 몸을 키우는 재료를 삼고 소인은 재물로써 망신의 기관을 만든다」 하였더니 과연이로다. 우선 이 집 주인을 보더라도 수만원의 돈을 쓰고 도리어 저 수백 사람들에게 원망을 사고 욕을 먹으니 차라리 그 돈은 쓰지 않았더라면 저 욕은 아니 먹었을 것이라」고 생각하는 동시에 우리 종사주께서 항상 말씀하시는 바 「돈 많은 부자와 권위 있는 세력가에서 까딱 잘못하면 죄를 많이 짓는 것이다. 어찌 그러냐 하면 그 돈과 권위를 당연히 쓸 곳을 택하여 쓴다면 물론 복이 되는 것이지마는 그것이 잊고 보면 당연과 부당을 취사할 겨를이 없이 생각 내키는 대로 행하기가 쉬운 까닭이라」고 하신 깊고 절실하게 경계하시든 말씀이 더욱 새롭게 느꼈습니다. 공주는 또 이렇게 생각해 보았습니다. 만약 공주가 그 잔치의 주간(主幹)이 되어 모든 일을 처리하게 되었다면 그 돈을 어떻게 써야 같은 돈을 쓰고라도 아름답고 유효하도록 할 것인가?

나 같으면 다른 잔치는 다 그대로 성대히 하고라도 그 중에 기녀 15명에서 10명만 쓰고 5명에게 드는 비용 기백원만 빼어 가지고 빈 터에 자리를 잡고 밥 많이 짓고 떡 많이 하고 국 많이 끓여서 며칠이든지 그 원근 촌인들의 배를 불려 놓으면 욕은 고사하고 도리어 수백 사람들에게 얻어 듣기 어려운 칭송을 들을 것이요 한 걸음 더 나아가 그 잔치를 어지간히 하고 그 비용을 세세생생에 유지할 공익사업에 쓴다면 그 공덕이야말로 일시적 불쌍한 사람에게 옷 주고 밥 주는 데에 비할 수 없을 것이라고 생각하였습니다.

　　　　　　　　　　　●

　　　　　　소태산 대종사 원기 13년 음 11월 19일, 경성출장소(창신동)로 상경하여 경성에 계시다가 12월 5일 경성출장소 구타원(九陀圓) 이공주와 경성역에서 호남선 열차를 탔다. 소태산 대종사는 익산 총부로 귀관하기 위함이었고, 이공주는 호남지방에 개인적인 일이 있어 목적지로 가기 위함이었다. 이공주는 익산역에서 바로 총부에 들리지 않고 목적지로 출발

했다. 이공주는 일을 마치고 동월 17일에 상경하였다. 이공주가 어느 곳을 다녀왔는지 〈월말통신〉에 소개되지 않았으나 시댁이 있는 운봉(?)과 관련된 지역이 아니었나 싶다.

아무튼 이공주는 어느 지방 부호의 모친 생일에 참석하기 위해서 내려와 참석을 하였는지 다른 볼 일을 보기 위해 내려왔다가 생일잔치를 구경하였는지는 알 수 없으나 그때 느낀 감상이 원기 14년 2월호인 〈월말통신〉 제12호에 소개되었다.

〈월말통신〉 제10호에 경성출장소(그러나 보통 '지부'라 불렀다) 예회록이 처음으로 소개되었다. 제10호에 익산 본관(익산총부) 〈월말통신〉과 합편키로 하여 〈월말통신〉 제11호부터는 익산 본관·경성지부 합편으로 발행하였다. 이전에는 경성출장소가 자체적으로 〈월말통신〉을 발행했다는 것은 아니다.

이공주가 호남지방에 내려온 관계로 경성출장소 예회에 불참한 경성지부 원기 13년 음 12월 6일 예회록에 의하면,

- 본 일은 강한(降寒)인 고로 오전 11경까지 회원의 내집(來集)을 기다려서 교무 이춘풍씨 출석원을 점명(點名)하니(명단 생략) 합 8인이요, 전회(前會)를 주무하던 이공주씨난 긴급한 소관사로 인하여 일전(日前) 호남지방에 출발하였고, 기외(其外) 회원은 혹 병, 혹 사(事)로 많이 불참하얏드라.

「삼강령 팔조목」을 문제로 하야 장시간 윤회(輪回) 문답하고 오후 2시에 폐회하다.

3시 30분에 다시 모여서 본관 〈월말통신〉을 박해산, 이춘풍 양씨(兩氏)가 낭독 설명하니 회중은 환희경청하얏스며, 동 5시에 산회(散會)하였다. - 라고 하였다.

습관 개혁에 대하여

김대거

　습관이란 것은 참으로 무서운 것이라 생각하였습니다. 어찌 그러냐 하면 경험한 일이 있습니다. 제가 어렸을 때에 저 세상 몽학선생(서당훈장)한테서 글을 배울 때에는 꼭 무릎 꿇는 버릇을 2,3년 길들이고 보니 자연히 습관이 되어 아픈 줄도 몰랐습니다. 그렇게 지내다가 집를 떠나 객지에 있으면서는 몸을 마음대로 작용한 까닭에 발 개고 앉기에 길이 들고 무릎 꿇기는 자연히 묵어졌습니다. 그렇게 지내다가 오늘에야 무릎을 꿇고 앉아 보니까 잠깐 사이에 편치 못한 기분이 듭니다. 저는 이 경계를 당한 결과에 한 생각이 났습니다. 제가 저 세상에 있을 때에는 불행히도 삼십 계문을 거의 다 범과하였을 것입니다. 그러나 지금은 정의 도덕 아래 질박은 까닭에 삼십 계문에 몇 가지는 버렸습니다.
　그 버린 계행은 술과 담배입니다. 과히 습관은 들지 아니 하였으나 제가 여기 와서 두어 달 동안은 그 알량한 것이 간혹 생각이 나더니 지금은 몇 달이라는 세월을 지난 결과 어두운 머리 속을 씻고 씻어서 술과 담배 먹을 생각은 영원히 빠졌습니다. 그리고 지금은 술 먹고 게걸거리는 사람이나 담배 푹푹 피우는 사람을 보면 심지어 그 사람까지 서툴게 보입니다. 이것을 보니까 육근(六根)을 잘 작용치 못한 까닭에 악습관이 드는 줄을 비로소 이제야 자신하였습니다. 그러니까 어려서 무릎 꿇기를 습관드린 까닭에 그 때에는 꿇으나 안 꿇으나 일반이었지만 오랜 기한(期限)을 꿇어 보지 않았기에 무릎 꿇든 습관이 빠져서 지금에 아프듯, 이 삼십 계행이 다 그와 같을 것입니다. 저 세상에 있을 때에는 삼십 계문을 거의 다 범하였지만 지금은 몇 달 동안 삼십 계행을 지키고 정의 도덕으로 진행하여 실행하는 까닭으로 그와 같은 악습관이 멀어지는 것을 보니 영원히 정의 도덕으로 진행만 하고 보면 자연히 악습관은 멀어지고 좋은 습관이 들 줄로 자신하였습니다.

　　　　　　　　대산(大山) 김대거는 조모 노덕송옥을 따라 11세시 만덕산 산제당(만덕암)에서 소태산 대종사를 처음 뵈었다. 김대거는 후일 산제당에서 소태산 대종사께서 자신에게 해주신 말씀이 없어서 특별히 기억나는 것이 없다고 했다. 원기 11년 13세에 처음 총부에 와서 몇 달 동안 생활하였다. 선방에는 참석하지 않고 쇠죽(짚, 풀 따위를 섞어 끓인 소의 먹이) 끓이는 일에 조력하고 만석평 논에도 다녔다. 이때는 전무출신을 서원하지 않았고 몇 달 동안 총부 생활을 하고 좌포 집으로 돌아갔다. 김대거는 원기 14년 2번째로 총부에 와 입교하고 대거(大擧)라 법명을 받았다.

　　김대거는 《육대요령》,《취지규약서》,《수양연구요론》 등 초기교서를 탐독하였다. 선방에 참석하지 않고 쇠죽 끓이고, 소태산 대종사의 목욕물 데우기, 총부 임원 등에게 이발시켜 주는 일 등을 하였다. 김대거는 후일 선방에 참석하지 않은 이유에 대하여 강연을 하는 것도 싫었고 또 강연을 하면 교화계에 나가라고 할까봐 일부러 선방을 피했다고 했다.

　초기교단 선방에서 강연 연습에 대한 일화가 많다. 연단 앞에 발을 치고 강연을 하게 하고 특히 여자 선원들은 자신도 모르게 말을 하다가 옷고름을 물어 떨어뜨리는 일도 있었고, 강연을 하다가 중단하고 내려와 버리는 일 등 웃을 수밖에 없었던 일들이 많았다. 그 당시는 그 만큼 폐쇄된 사회속에서 살았던 여자들의 일면이기도하다. 그런 가운데 소태산 대종사는 남녀권리 동일을 제창하며 교화·교육·자선 분야에 균등한 인재로 키웠다.

　김대거는 원기 14년에 총부 교무부 직속 단원으로「습관개혁에 대하여」란 감상문을 교무부에 제출하여 원기 14년 11월호인〈월말통신〉제21호에 소개되었다.

　원기 15년에 김대거는 전음광(혜산)과 함께 소태산 대종사의 최초 은부자 결의식을 하여 소태산 대종사의 은자(恩子)가 되었다. 그 후 원기 16년 8월에 사가생활을 부인에게 일임하고 전무출신을 단행하였다.

참 선생을 찾아 그 선생의 가르침을 받읍시다

박노신

　일전에 종사주께옵서 말씀하시기를「나는 너희들에게 참 선생을 인도하여 주는 사람이다.」하시는 말씀에 그 뜻을 알지 못하고 항상 의심하다가 이제야 비로소 그 선생을 만나게 되었습니다. 그 선생은 참으로 진실한 선생이었습니다. 과거 수천만세와 미래 수천만세를 쉬지 않고 가르쳐 주는 선생입니다. 그러면 그 선생은 어떠한가? 매일 보고 듣는 천지(天地)선생입니다. 천지는 우리에게 어떠한 가르침을 주십니까, 한번 생각하여 봅시다. 천지는 만물을 생육시키며 만물을 실여 있으며 우로지택이 있어 만물을 양성하지만 양성하였다는 상(相) 없는 것을 모방하여 우리도 어떠한 선(善)을 지었더라도 선을 지었다는 상이 없어야 무상한 천지대덕의 가르침을 본받은 사람이며 천지에는 일월이 있어 높고 낮음과 맑고 흐림과 두껍고 얇음을 소소영령하게 밝혀 주심을 모방하여 우리는 대소유무와 시비이해의 이치를 자세히 알아 가지고 백천만사를 지어야만 명명(明明)한 일월(日月)의 가르침을 본받은 사람이며, 천지에는 춘하추동의 차서(次序:차례, 순서)가 있어 봄 될 때는 봄 되고 여름 될 때는 여름 되고 가을 될 때는 가을 되고 겨울 될 때는 겨울 되는 지성스러운 차서와 신용을 모방하여 인간만사를 지어갈 때에 정의와 불의를 분간하여 하기로 한 일은 어김없이 하고 안하기로 한 일은 죽어도 하지 말아서 그일 그일에 차서와 정성을 모방하여 지켜야만 춘하추동의 차서와 절차를 본받은 사람이며 천지는 길흉이 없음으로 겨울에는 만물이 말라 죽지만 내년 봄 태양의 기운을 받으면 또 다시 발생하는 것과 지평선 먼 곳에 넘어간 태양과 태음(太陰)이 이튿날 아침에 동쪽에 또다시 광명을 조요(照耀)[19] 함을 모방하여 우리 인생도 생로병사를 초월하여 끌리지 아니하여야 할 것입니다. 그럼으로 옛말에도 '생자(生者)는 사지근(死之根)이요 사자(死者)는 생지근(生之根)'이라 하였으니 이 말은 생로병사를 초월하여 길흉 없는 것을 본받은 사람입니다. 또 천지는 절대로 사사로움이 없는 고로 짓는 대로 주나니 팥의 종자를 심은 사람은 반드시 팥의 열매를 얻으며 오이의 종자를 심은 사람은 반드시 오이의 결실을 얻나니(種豆得豆 種苽得苽) 우리 인생은 악인(惡因)을 짓지 말고 선인(善因)을 닦아가야만 선 지어 복 받고 악업을 없애 버리려는 목적을 통달할 것이요 그 선생의 가르침을 본받은 사람이라 하겠습니다. 노신은 선생님(대종사)을 뵈온지 얼마 되지 아니하여 위에 말한 내용이 자상하지 못하옵니다.

---

19) 조요(照耀) : 밝게 비쳐서 빛남

박노신은 모친(이타원 장적조)의 권유로 원기11년 제4회 정기훈련 즉 병인동선(음 11. 6 ~ 2. 6)에 입선하였다. 그후 원기 12년에 입교하여 출가한 후 총부 공익부에서 근무하였다. 원기 14년에는 제4차 전무출신 실행단 감방(坎方) 단원으로 근무하며 이 때 감상문을 교무부에 제출하여 원기 14년 11월호인 〈월말통신〉 제21호에 소개되었다. 박노신은 원기 15년 경오동선까지 몇차례 선원에 입선하여 주경야독으로 전문공부를 하였다. 《대종경 선외록》 도운개벽장 5에는 소태산대종사 "앞으로 무서운 세상을 돌파 할 처사"에 대한 물음에 박노신이 "온유를 주장해야 한다"고 답하자 소태산 대종사 "나의 뜻에 맞다"고 하였다.

박노신의 모친 장적조는 수양아들이 사는 부산으로 가 수양아들 이덕환을 입회(원기 15년 3월 8일)시킴으로써 부산 교화가 시작되었다. 그 후 박허주, 구양근, 임정술 등을 교화하여 그들의 간절한 열망으로 소태산 대종사와 불법연구회 회장인 조송광을 초청하였다.

원기 16년 8월에 부산에 온 소태산 대종사와 조송광은 10여일간 체류하며 40여명을 입회시켰다. 부산에서는 하단(현 당리)에 회관을 마련하고 삼산 김기천이 교무로 부임하자 본격적인 부산 교화가 시작되었다.

박노신은 가정 사정으로 인하여 환속하여 부산에서 해운업을 하며 살다가 원기 21년 해운사업 관계로 함경도 청진으로 이사를 하였다. 장적조는 청진 아들집으로가 며느리 교화를 시작으로 몇 명을 입교시키고 원기 22년 만주로 옮겨 순교활동을 함으로써 북방 교화를 시작하였다.

무슨 일이나 모를 때는 미신이요
알고 보면 미신이 아닙니다

전구일

저는 어느 날 어느 마을길을 걸어가게 되었는데 웬 사람 하나가 길가에 있는 밭 속에서 까지(가지)잎을 따서 자주 길가에 버립니다. 저는 그것을 보고 그 사람에게 「왜 그러느냐」고 물으니 그 사람이 말하되 「이 까지 잎을 여러 사람이 다니는 길가에 버려서 여러 사람이 밟고 다니면 그 밟고 다니는 사람 수와 같이 까지가 주절주절 많이 연다」고 합니다. 저는 그 말을 들을 때 문득 한 의심이 나기를 「과연 그럴 것인가? 사람이 밟고 간다고 그 사람 수대로 열 것인가」 하였으나 그것은 이치에 어긋난 말이기에 한참 의아해하다가 결국 한 감각을 얻었습니다. 「옳다 그것이 참으로 그런 것이로구나. 저 우리 본부(익산총부)에 있는 복상(복숭아)나무도 복상을 크게 만들기 위하여 가지를 끊어 주며 열매를 솎아 준다고 하더니 이 가지도 잎을 따주는 본 뜻은 그 잎으로 가는 양분이 까지로 몰려서 까지를 크도록 만들기 위한 것이로구나. 그러나 저 사람은 그 본 뜻을 해부할 지견을 가지지 못하였음으로 그저 그것을 믿어 미신의 복종자(服從者)가 되고 말았구나」 하였습니다. 그러한 일로 볼진댄 이 세상이 아무리 미신을 공격하고 미신을 배척하지만은 공격하는 데에도 뜻이 있어야 하고 배척하는 데에도 알고 하여야 할 것을 알았습니다. 아무리 허황한 미신이라 할지라도 그 본의를 해부해 보면 미신 아닌 점이 있을 것이요, 아무리 미신 아닌 사실다운 일이 있더라도 모르고 보면 미신일 것입니다. 나도 만일 그 일을 볼 때 한 생각이 없었던들 잎을 따주는 것이 까지에 이익되는 사실이 있음에도 불구하고 미신으로 알고 말았을 것이며, 저 사람도 한 생각이 있었던들 그 사실을 발견하여 남 보기에 어리석은 미신자가 되지 않았을 것입니다.

 이 세상은 이른바 미신이 참으로 많습니다. 하늘을 공경하라, 귀신을 공경하라, 우상을 공경하라, 심지어 무정한 목석과 산수를 섬기라 우대하라는 등등 별 별 말이 많습니다. 그러나 우리 연구자는 그것을 한 미신으로 도외시할 것이 아니라 그 본의를 해부할 필요가 있습니다. 그리하여 미신인 것 같지만은 미신 아닌 점을 발견하고 미신이 아닌 것 같지만은 참으로 미신인 점을 발견하여서 인도 정의를 밝혀야 되겠다는 느낌이 났습니다.

●

   전구일(田九一)은 마령에서 태어나 원기 15년부터 2년간 총부 간사로 근무한 후에 원기 17년부터 만덕산 농원 임원으로 5년간 근무하였으며, 그 후 총부 산업부장, 산업부 주무 등으로 원기 27년까지 산업계에서 한결같이 근무하였다.

 전구일은 만덕산 농원 임원으로 근무하던 원기 17년 7월 16일에 감각문을 기록한 것이 원기 17년 7월호인 〈월보〉 제38호에 소개되었다. 그 당시

전구일은 남자 갑종 예비수위단 간방 단원으로 산업계에서 근무하며 항상 연구하여 감각문을 제출할 때 의견안도 함께 제출하였다.

　의견안은 '총부는 황등과 이리간의 중앙이 있어 앞으로 신작로를 끼고 있으므로 군청이나 면사무소와 상의하여 도로 양측에 무슨 나무든지 심으면 익산이나 황등에서 총부로 들어갈 때 경치도 좋고 그 나무로 인해 부수입도 생기는 일거양득이라며, 그와 관련해 면사무소 직원에게 문의도 하였다.' 는 내용이다.

　전구일은 원기 27년 이후에 개인 형편으로 도일(度日)하였다.

독실한 신앙은 성공의 어머니

정학선

　지난해(원기 17년) 유월경 어느 날 비 오고 바람 불 때 복송아(봉숭아)밭에 갔다가 얻은 감상입니다. 요란한 바람과 폭주하는 비가 며칠간 계속함에 복송아밭에 서있는 복송아나무는 모두 바람결을 못 이겨서 이리 흔들리고 저리 흔들리니 거기에 붙은 복송아는 꼭지가 실하지 못하여 떨어진 복송아도 많이 있으며 꼭 가지가 완실하여 그와 같은 비바람이 때려도 떨어지지 아니하고 전과 같이 나무에 붙은 복송아도 있는 것을 보고 한 가지 느낀 바가 있었습니다.

　우리도 불법연구회 입회를 하고 공부를 할 때는 그 목적이 이 공부 이 사업에 몸과 마음을 바쳐 천신만고(千辛萬苦)[20]와 함지사지(陷地死地)[21]를 당하여도 변치 아니하고 기어이 한번 성공하여 보겠다는 결심을 가지고 입회하지 않았습니까? 복송아는 나무에 달린 것이며 우리는 불법연구회에 달린 사람인 것입니다. 그러면 무엇으로써 달렸다 하는고? 그것은 오직 독실한 신앙입니다. 또 저 복

---

20) 천신만고(千辛萬苦) : 천 가지 매운 맛과 만 가지 쓴 것이라는 뜻으로 온갖 어려운 고비를 다 겪으며 심하게 고생함을 이르는 말.
21) 함지사지(陷地死地) : 목숨이 위태로운 처지에 빠짐.

송아를 보드래도 꼭지가 실하여 비바람에 떨어지지 아니한 복숭아는 결국 좋은 결과를 이루는 것이요, 떨어진 복숭아는 버린 물건이 되지 않습니까. 그와 같이 우리도 신앙의 꼭지가 실해서 어떠한 난관이 앞에 당하고 어떠한 유혹이 나의 몸과 마음을 끈다 할지라도 거기에 흔들리고 굴하지 않는 사람이라야만 성공의 월계관이 자기의 머리에 얹히게 될 것이며 세상에 버린 사람이 되지 아니 할 것입니다. 그런즉 천재난우(千載難遇)[22]의 기회와 영원한 세상에 진리를 통달하신 법하(法下)에 참여하게 된 우리는 조금도 퇴굴심을 내지 말고 신앙의 꼭지를 굳게 하여 더욱더욱 용감하고 씩씩하게 나가기로 합시다.

정학선은 영광 천정리에서 충산 정일지의 장남으로 태어나 전무출신하기 위해 영산학원에 입학하여 수학하던 17세시 원기 17년 영광(영산) 정기훈련 즉 임신동선(음 11.6~2.6)에 입선하였다. 훈련 과정 중 원기 18년 1월 17일 일기가 원기 18년 1월호인 〈월보〉 제44호에 소개되었다.

영광 임신동선은 사정에 의하여 10일을 늦춘 음 11월 16일에 지도 교무인 응산 이완철을 포함하여 정학선, 조희열 등 소년단들과 함께 22명이 입선 결제하였으나 점차적으로 입선인이 늘어 갔다.

영산학원 소년단들은 입선기간 중 환세 기념일에는 유쾌한 여흥회를 열

---

22) 천재난우(千載難遇) : 천년 만에도 만나기 어렵다는 뜻으로 좀처럼 만나기 어려운 기회를 이르는 말.

어 모두를 즐겁게도 하였다.

원기 18년 1월호인 〈월보〉 제44호 「각지 상황」 영광지부란에는 임신동선 상황을 소개하였다.

- 외적으로 사업계의 모든 일도 다 순서적으로 진행되고 공부계의 모든 상태도 다 활발하게 진전되는 중 더구나 조희열 등 소년선객 제군의 공부가 다대(多大)히 진취되야 우리 자체에서도 영광으로 생각하거니와 외처(外處)에도 그 소문이 굉장하여 '불법연구회에서 1년 가라치난 공부가 다른 대에서 10년 가라치난 것보다 더 좋은 정신을 엇는데에 우리는 늙고 진세에 파묻친 몸이라 못할망정 자질(子姪:자녀와 조카)들은 꼭 보낼대여 자네 아들은 아니 보내려는가? 우리 큰 아해는 보낼까 하네' 이와 같이 농촌 부형(父兄)들의 각성이 날로 새로워지난 모양이며 그로 인하여 영광지부에서는 금년부터 소년회원 사태가 나난(나는) 중이외다. -

〈월보〉 제44호에는 정학선의 일기 이외에도 영광지부 조희열, 이상행의 일기를 같이 소개하면서 〈일기단본〉이라 하여 아래와 같이 설명을 덧붙였다.

— 일찍이 우리 영광의 자랑으로 본 지상에 보도된 영광지부 소년단의 존재는 모두들 잘 아실 듯 합니다. 그런데 그들은 20세 미만의 어린 사람들로서 주경야독을 궁행실천하며 여름에는 농사짓고 겨울 동선에 참여하여 열심히 공부하는 중인데 그 신성이 날로 두터우며 그 뜻이 점점 고상하여져 이와 같이 전진불퇴한다면 장래에 어떠한 큰 인물들이 될지 모든 사람으로 하여금 다대(多大)한 촉망을 가지게 함이다. 이에 그들의 매일 일기하는 중에서 눈에 띄는 대로 2,3건을 소개하오니 비록 문장의 미(美)는 없다 하겠으나 그 진실한 의미로서 가관할 점이 없지도 않다고 생각합니다. —

정학선은 중산(中山) 정광훈의 아명이다.

정광훈은 원기 20년에 전무출신하여 총부를 비롯하여 산업, 교화계를 두루거쳐 원광고등학교 교장으로 재직중 원기 61년에 순직하였다.

그는 정남 1호로 남자 정화단을 발족하여 초대단장이 되기도 하였다.

2

술 취한 운전수를 보고
- 〈회보〉 제1호~20호의 감각감상문 -

완전한 접목(接木)이 됩시다

송봉환

금년(원기 18년) 봄에 진안 만덕산 홍곡 산전(山田)에다가 여자 인재양성부[1] 경영으로 괴옴나무(고욤나무) 칠백여주를 접목한 일이 있었습니다. 그런데 5월 20일경에 묘목밭에 가서 접목이 되었는지 안되었는지 조사해 본 즉 어떤 놈은 접목이 잘 되어서 감나무가 뾰쪼름이(*뾰조록:끝이 뾰족하게 약간 내밀려 있는 모양) 올라오는 것도 있고 또는 괴옴나무가 그대로 파랗게 올라오는 것도 있음을 본즉 우연히 접목이 잘되어 노란 감나무가 올라오는 것은 반가우며 사랑스런 마음이 발하는 반면에 괴옴나무가 그대로 파랗게 올라오는 것은 미운 마음이 나며 사랑스럽지도 아니하였습니다. 그래서 그 연유를 탐구해 보니 본래 괴옴나무를 감나무로 만들기 위하여 금전과 정성을 들여 접목을 붙인지라 바라는 바 감나무가 생(生)할 때에는 반가우며 아름답고 사랑스러우며 괴옴나무가 그대로 생(生)할 때에는 밉고 섭섭하며 허망하였습니다. 만사가 다 바라는 바

---

1) 인재양성부 : 인재 양성 기성연합단은 원기 13년에 농업부 기성연합단과 함께 발족되었다. 인재양성 소라는 포괄적 의미로 사용되어 후일 교육기관 및 육영재단의 근거가 되었다.

에 부합하면 상쾌하고 반가우며 위반하고 모순되면 섭섭하고 귀중하지 않는 것은 정리(定理:정한 이치)입니다. 이것을 미루어 공부하는 우리 동지를 생각하여 본즉 종사님께옵서는 여러 제자들에게 해(年)로 달(月)로 날(日)로 때로 늘 모든 불의를 벼히고(베고) 정의를 접붙이시며 악심악행을 베어내고 선심선행으로 접붙이시며 번민고통을 베어내고 안심안정으로 접붙이시어 의(義) 싹과 선(善)의 싹과 낙(樂)의 싹이 생하기를 기다리고 계실 때에 괴옴나무가 감나무로 변하여 어여쁜 감나무 싹이 나오듯이 견성도인이 계속하여 나오면 그 얼마나 반가우시며 사랑스러우시겠습니까. 또 자신의 신상에는 얼마나 경사이며 갈망하던 이상의 실현이라 하겠습니까. 그러나 앞에서 말한 괴옴나무는 접목이 되지 아니한다 할지라도 과다한 손실은 없는 것이며 잘못 되었으면 다음 해에 다시 할 수 있는 것이지만은 우리의 금생(今生) 도덕공부라 하는 것은 실패하면 일생의 공과(空過)이요 종사주의 큰 은혜를 너무나 배은함이 될지니 모든 권리와 모든 신앙과 모든 희망과 모든 낙을 오로지 여기에 좇아서 맹세코 대도인이 되기로 뜻한 자는 소소한 자유와 엷은 지견을 다 포기하고 오직 한가지 무정지물(無情之物)[2]이 되어 접붙이시는 칼과 잠매는(묶는) 붕대를 잘 받아 완전한 양심의 아름다운 싹이 나서 유방백세(遺芳百歲)[3] 하며 명전천추(名傳天秋)[4] 하여야 자기의 희망과 종사주의 성덕을 갚음이 될까 하나이다.

---

2) 무정지물(無情之物) : 감각을 가지지 않은 물건.
3) 유방백세(遺芳百歲) : 꽃다운 이름이 후세에 길이 전함.
4) 명전천추(名傳天秋) : 이름을 영원한 세상에 전함.

직산(稙山) 송봉환은 원기 13년에 모친 이대교의 인도로 입교와 동시에 전무출신을 서원하여 농업부원으로 알봉 박농사, 누에치기 등을 하다 15년부터는 농업부 서기로 일했다.

원기 17년부터 사정으로 19년까지 휴무를 하였다. 그는 휴무를 하면서 여자인재양성부에서 경영하는 만덕산 괴옴(고욤)나무 접목에 참여한 것으로 보인다. 그때 느낀 감상을 제출하여 소태산 대종사로부터 감상에 대한 감정을 「갑」으로 받고 원기 18년 8월호인 〈회보〉 제1호에 소개되었다.

송봉환은 원기 23년에는 좌포교당 교무로 산중 교당의 어려움을 극복하며 산지를 개발하여 만덕산 농원의 기틀을 닦았으나 원기 24년에 모친의 전무출신 서원과 자녀들의 교육문제로 귀가하였다.

〈회보〉 제2호에 주산 송도성은 「인재양성 창립단가」를 지어 발표하였다.

1. 우리 힘 피땀 정성 한데 모아서 우리 도(道) 널리 빛낼 우리 일꾼을 우리의 참된 정신 깊이 넣어서 바치자 우리 세계 공도 사업에
2. 우리 힘 약하거든 사은 힘 빌고 우리 피 가난커든 위인(偉人) 본받아 천신과 만고에 굴(屈)치를 말고 더운 땀 참된 정성 이어 바치자
3. 이 좋은 도덕회상 인연 없어서 일 가정 개인 생활 만족했던들 이 세상 왔던 흔적 없을 우리가 창립주 되옵나니 천추 만세에.

조실 마루에 앉아

김대설

　제가 한 번은 일기를 쓰려고 조실(대종사가 사용하는 집, 당시 금강원)로 올라가서 앞마루에 앉아 있은즉 그 조실 앞마루에 무슨 나무가 우거져서 이 때 마침 그 좋은 그림자가 조실 앞마루로 비쳤습니다. 그래서 저는 생각하기를 내가 여기 와서 이러한 기회를 만나기가 어렵다 생각하고 오늘만큼은 일기를 하나 잘 써 보려고 그 나무를 쳐다보고 앉아 있은즉 간혹 서늘한 바람이 불어와서 나무열매와 잎사귀를 흔들흔들 한 후에 다시 나의 얼굴을 스쳐서 몇 번을 지나가는 머리에 뜻밖에 잠이 살짝 와 잠을 못 이기어 좀 누워 보았습니다. 누워서 생각한즉 만사가 태평이요 괴로운 것이라고는 하나도 없었습니다. 그래서 누운 그대로 내가 언제까지 이 즐거운 낙을 받을 것인가? 하고 반성해 본 결과 내가 이 마루를 종사님께서 오시기 전에는 재미를 붙인다고 하지만은 만일 종사님께서 내려오신다면 고통을 받을 것은 물론이라고 생각하였습니다. 그러고 또 어떤 선생님께서 말씀하시기를 '좋은 일이 있고 보면 용단 있게 취하고 불의한 일이 있고 보면 용단 있게 버리라' 고 하셨습니다. 그래서 저는 이러한 느낌이 났습니다. 사람이라고 하는 것은 누구를 물론하고 천만경계를 당하여 용맹 있게 취할 것은 취하고 버릴 것을 버리지 못하면 끝에는 성공할 사람이 성공을 못하고 부지런한 사람이 나태하여지고 부귀한 사람이 빈천하여지는 줄을 알았습니다. 그래서 저는 잠을 자지 않고 용맹 있게 일어나 버렸습니다.

●

봉산(鳳山) 김대설은 대산 김대거 종사의 아우로 원기 18년에 모친의 권유로 입교하여 그 해 총부에서 제16회 정기훈련 즉 계유하선(음 5.6~8.6)에 입선하였다. 하선 중에 일기를 쓰기 위하여 조실(금강원) 마루에 앉아 있었던 일을 「심신작용처리건」으로 제출하여 원기 18년 9월호인 〈회보〉 제2호에 소개되었다. 그는 같은 해 동선에도 입선공부를 하였다.

김대설은 원기 25년부터 좌포지부 지부장으로서 한결같은 정성으로 교화발전에 노력하였다.

면경(面鏡)을 본 나의 느낌

양대윤

　저는 어려서 여러 어른들에게 사람이 도통을 하면 이 세상에 나열(羅列)한 만물의 근본 이치와 춘하추동 사시순환과 풍운우로상설과 만물의 생로병사와 흥망성쇠의 이치를 환하게 안다는 말을 들었습니다. 그러나 저의 어리석은 소견에는「어찌 그와 같이 수많은 것을 다 알 수 있으리오. 그중에는 모르는 것도 많으리라.」하고 지금까지 생각해왔었나이다. 그러나 일전에 면경(거울)을 보고 한 생각이 났습니다. 그것은 여러분이 다 아시는 바와 같이 면경이라 하는 것은 모든 물건을 당하는 대로 틀림없이 잘 비쳐 줍니다. 이 세상에 사진이 아무리 물건의 본형과 동일하다 할지라도 면경만치는 본형이 확실하게 나타나지 않을 것입니다. 그러나 이와 같이 잘 비쳐 주는 면경이라도 티끌이 끼이면 잘 비치지 아니합니다. 우리의 정신도 이와 같아서 지금은 마음이 자주력을 얻지 못하여 보는 데에 끌리고 들으면 듣는 데에 끌려서 이 욕심을 채우기 위하여 마음을 빼앗기는 곳이 많으므로 모든 것을 보아도 밝게 분석을 못하고 힘이 미약하나 우리가 차차 공부를 하여 마음의 자주력을 얻어 사방으로 흩어진 정신을 수습하여 보고 듣는 데에 흔들리지 아니하고 마음 가운데 조금이라도 진심(塵心)⁵⁾과 착심이 없고 보면 자연 마음이 청정하여 밝은 광명이 나서 저 면경과 같이 천만사리를 당하는 대로 밝게 분석하여 무엇에나 걸림이 없는 사람이 될 줄로 알았습니다.

●

　　　　양대윤의 감각문은 원기 18년 10월호인 〈회보〉 제3호에 소개되었다. 그는 〈회보〉 제2호에 《성자의 광(光)》이란 책을 읽고「까닭 있고 열심 있는 사람이 됩시다」라는 감상문을 발표하기도 하였었다.

---

5) 진심(塵心) : 속세의 일에 더렵혀진 마음.

공부하는 사람과 안하는 사람의 구별

정세월

　제가 금년(원기18년)에 서숙(조) 농사를 좀 하였사온바 다행히 종자가 잘 나서 처음부터 잘 되었습니다. 그런데 그 중에 특히 한 폭(포기)은 다른 서숙 폭보다 훨씬 잘 되어서 저는 밭에 다닐 때마다 그 폭에다가 특히 정성을 많이 들이고 마음이 재미가 났습니다. 그런데 요사이 일기가 차차 생량(生凉:가을에 서늘한 바람이 나서 서늘한 기운이 생김)하면서 결실 하는 것을 본즉 다른 폭에서는 보기 좋게 서숙 모가지가 다 나왔으나 그 중에 제가 정성을 많이 들이고 재미를 붙인 제일 큰 서숙폭에서는 서숙 모가지가 나오지 않고 개꼬리가 나왔습니다(개꼬리라고 하는 것은 모양이 결실하기 전에는 서숙과 흡사한 풀인데 농사를 많이 안 지어 본 사람은 개꼬리와 서숙 폭을 잘 분간 못합니다. 그런데 이 풀은 결실이 없고 터벅한 것을 보면 개꼬리와 흡사함으로 그 이름을 개꼬리라고 함). 그래서 저는 이것을 보고 한편은 허망하고 한편은 우습기도 하는 동시에 한 가지 깨친 바가 있었습니다. 그 깨친 바는 다름이 아니오라 범상한 사람의 안목으로 이 세상 사람들의 하고 사는 것을 보면 제가 개꼬리와 서숙 폭을 분간 못하는 모양으로 우리 같이 도학 공부를 하고 사는 사람이나 앓고 되는 대로 지내는 사람이나 별 차이가 없이 볼 것입니다. 다시 말하면 공부를 하고 지내는 사람이라고 저 세상 사람들보다 별로 나은 점도 없고 공부 않고 지내는 사람이라고 공부하고 지내는 사람보다 별로 못한 점도 없어 보일 것입니다. 도리어 우선 잘 먹고 잘 입는 것으로 보아서는 제가 저 잘된 개꼬리를 참 서숙 폭보다 좋게 알듯이 이 공부 않고 되는 대로 지내는 세상 사람들이 훨씬 좋게 보일 것입니다. 그러나 서숙 폭에서는 반드시 서숙이 나오고 개꼬리 폭에서는 반드시 개꼬리가 나오는 것이 천리의 떳떳한 바라 비록 결실을 하기 전에는 개꼬리 폭이 서숙 폭보다 훨씬 좋았다 할지라도 결국은 개꼬리가 나오고 말았으니 한번 개꼬리가 나온 후에야 무엇으로써 참 서숙 폭보다 좋다 하겠습니까? 우리의 공부도 이와 같아서 우리가 공부를 할 때에는 인간의 모든 애착탐착을 떼고 물욕을 차차 없애기를 주장함으로 세상 사람들 보기에도 비록 어리석은 듯하고 못난 것 같지만 우리가 만일 공부를 잘하여 삼대력만 충분히 얻고 보면 우리의 말년이나 사후에는 반드시 한평생 공부한 효력이 나타나서 무한한 복락도 받을 것이요 이름을 영원한 세상에 전할 것이며 내생에도 물론 선과를 받을 것입니다. 그러나 공부를 않고 되는 대로 지내는 사람은 생전에 아무리 천지를 뒤흔들고 지냈다 할지라도 저 잘된 서숙 폭에서 개꼬리가 나오듯이 말년이나 사후에는 별로 보잘것이 없고 도리어 세상에 못된 역사만 끼치고 가기 쉬울 것이며 내생에도 물론 악과를 받게 될 것이니 말하자면 도학공부를 한 사람은 끝이 나발주둥이(나팔 주둥이)같이 퍼질 것이요 공부를 안 한 사람은 끝이 송곳 끝같이 될 것입니다. 그러므로 나는 도학공부를 하고 지내는 사람과 않고 지내는 사람의 구별이 여기서 나타나는 줄 알았습니다.

●

칠타원(七陀圓) 정세월은 원기 8년에 부군인 추산 서중안을 따라 변산 봉래정사를 찾아 소태산 대종사를 뵙고 제자가 되었다. 소태산 대종사께 하산을 간청하여 익산에 총부가 건설되자 원기 12년부터 총부 구내로 이사하여 살았다. 총부 건설에 큰 역할을 하였던 서중안이 원기 15년에 49세로 열반하자 원기 17년 딸(서공남)과 함께 전무출신을 단행하여 총부 식당 주임으로 7년간 소태산 대종사의 식생활을 담당하였다.

정세월은 식당주임으로 근무하며 사가 농사도 지었다. 그 때 느낀 감상이 원기 18년 11월호인 〈회보〉 제4호에 소개되었다.

정세월이 농사를 지을 때 일화가 전해진다.

─ 무더운 여름 날, 총부에서 정세월이 밭을 매고 땀을 뻘뻘 흘리며 사무실 앞을 종종걸음으로 지나갔다. 정광훈이 정세월을 불렀다.

"더운데 찬물 한 잔 하시고 가요"

정세월은 샘물을 길어다 주는 대로 마시고 손발을 씻으며 잠시 쉬면서 일 걱정을 했다.

"큰일이네, 처서(處暑)가 낼 모랜데 밭에 거름 낼 사람이 없네, 채소를 곧바로 해야 하는데"

이튿날 아침 광훈이 총부 구내 분뇨(糞尿)를 퍼내 정세월의 밭에다 거름하였다. 정세월은 하도 고마워 소태산 대종사께 보고하였다.

소태산 대종사 미소 지으며

"광훈이가 무위도인이야" 하였다. ─

술 취한 운전수를 보고

김기천

　어느 때 저의 고향인 영광을 가게 되었습니다. 이리에서 새벽차를 타고 장성역을 당도하니 마침 영광 자동차가 손님을 싣고 왔는지 바로 역전에 기다리고 있다가 '영광 가실 손님이거든 타시요' 말하였습니다. 그래서 나는 내심에 생각하기를 여기서 사창[6]까지만 타고 사창서는 걸어갈까 하여 주저하다가 짐이 많고 따라서 짐꾼을 산다 점심을 먹는다 하고 보면 걸어서 가나 차 타고 가나 일반일 것 같아서 영광 차표를 사서 타고 역전을 출발할 때 처음에는 없든 손님이 중간에 무슨 약속이나 한 듯이 여기저기서 나와 손을 들어 차를 멈추게 하고, 차에 사람을 가득 실은 운전수는 자기 자유를 잃고 손님이 청하는 대로 이 여관으로 갔다 저 여관으로 갔다 사창으로 나가다가 도로 정차장으로 왔다가 이렇게 수선을 떨 때 나는 한참동안을 자동차에 몸을 싣고 장성 역전을 순행하게 되었습니다. 그래서 내 생각에 이 운전수가 술이나 안 취했나 하고 운전수의 거동을 살펴본즉 과연 운전수는 술을 많이 먹은 듯 싶었고 얼굴이

---

6) 사창 : 장성역과 영광의 중간 지점으로 장성군 삼기면 소재지이다.

꺼칠하여 밤새도록 잠을 안 자고 취하여 논 사람 같았습니다. 그래서 나는 안심도 안될 뿐 아니라 근래 신문 보도에 왕왕 자동차가 전복되는 사고에 대해서 들은 말이 문득 생각되었습니다. 아! 저 운전수가 까딱 실수하면 이 7,8명의 목숨이 어떻게 될는지 알 수 없구나. 그러나 갑자기 내릴 수도 없고 근심스럽지만은 그저 그대로 사창 장터를 지나 짓재로 향하여 올라가게 되었습니다. 이 짓재라 하는 데는 전부터 위험하기로 이름난 재이라 이리 꼽틀 저리 꼽틀 차차 높아지면서 내려다보니 수십 척 되게 떨어진 언덕도 있고 수백 척 되는 구렁도 있었습니다. 이것 자칫하면 생명을 잃게 되는 곳이로구나, 저 운전수가 지금까지 술을 깨지 아니하였으면 참으로 안심하지 못할 일이구나 하여 운전수를 간혹 살펴보며 주의하라고 하였으나 운전수는 무슨 자신이나 있는 듯이 냉소하고 대답도 없이 그저 운전만 하고 있었습니다. 그래서 저 역시 통이나 큰 듯이 생각하기를 이런 곳에서 죽는 것도 천명(天命)이니 천명이 아니면 운전수가 응당 실수가 없을 것이다 하고 안심을 하며 먼 산을 바라보면서 차에 실려 가게 되었습니다. 한참 가다가 홀연히 한 감상이 나기를 어느 때 종사님께서 자동차를 비유하여 법설하시던 일이 생각되었습니다. 우리 승객들의 생명과 아울러 운전수나 자동차 운명까지도 모두 다 운전수의 손에 달렸구나. 운전수는 책임이 가장 중한 자이다. 운전수는 반드시 자동차의 지식이 상당하여야 할 것이다. 술·담배·아편·잡기·여색 등이며 또는 근력과 정신을 손상할 만한 것은 다 함부로 범치 안해야 할 것이다. 한번 까딱 실수하면 승객들의 생명과 자동차는 물론이고 운전수 자신의 생명까지라도 위험하게 되지 않을까. 저 운전수가 이것을 잘 알고 있으련마는 비교적 조심하는 편이 적으니 이것은 반드시 술이나 색이나 기타 정신을 도취한 것에 빠진 연고일 것이다. 운전수야 여기에 각성을 하라. 참으로 각성을 하라. 이렇게 생각하다가 이 생각이 찰나간에 움직여서 아 자동차에만 운전수가 있느냐. 자동차만 자동차냐. 비유하면 나의 몸도 자동차요 마음도 운전수이다. 그뿐이냐. 한 집도 자동차요, 한 호주도 운전수다. 한 사회 한 국가도 자동차요, 한 나라의 국주(國主)도, 사장도 운전수이다. 이렇게 보면은 너도 나도 할 것 없이 다 운전수의 책임이 있다. 한 몸의 운명은 마음운전에 있고 한 집안 한 국가 한 사회의 운명은 그 주장인(主張人)들의 운전하는 것에 있다. 또 이 짓재만 위험한 곳이냐? 이 세상도 또한 위험하다. 보라! 사상산(四相山)[7]은 짓재보다 몇천 배 높을 것이요 삼악도(三惡道)[8] 바다는 이 짓재 구렁보다 몇만 배 이상이 깊을 것이요 삼재팔난(三災八亂)[9] 과 생로병사의 모든 구렁이 많지 아니한가? 그러면 이 세상 운전하는 모든 주간자(主幹者)[10] 들은 저 한 자동차 운전수 보담 몇 배 이상의 운전이 더 있어야 할 것이요, 몇 배 이상의 정신을 가져야 할 것이요, 몇 배 이상의 조심과 신분을 가져야만 할 것이다. 그래야만 이 세상을 운전하여 갈 때 한 몸, 한 집, 한 사회, 한 국가가 저 험악한 바다와 구렁에 빠지지 않을 것이다. 그러면 운전의 참 주인공은 누구이며 책임은 어디 있는가. 그것은 한 몸 한 가

---

7) 사상산(四相山) : 아상, 인상, 중생상, 수자상의 4가지 상을 산에 비유한 것.
8) 삼악도(三惡道) : 악인이 죽어서 가는 세 가지의 괴로운 세계. 지옥도, 축생도, 아귀도
9) 삼재팔란(三災八亂) : 삼재는 사람에게 닥치는 세 가지 재해로 도병(刀兵), 기근(饑饉), 질역(疾疫), 또는 화재, 수재, 풍재의 세 가지 재앙. 팔란은 여덟 가지의 재난으로 곧 배고픔, 추위, 더위, 불, 물, 목마름, 칼, 병란(兵亂)을 이른다. 즉 삼재팔란은 모든 재앙과 곤란을 이르는 말.
10) 주간자(主幹者) : 어떤 일을 주장하여 처리하는 사람.

정이나 한 사회, 한 국가 할 것 없이 모두가 한 마음에 있나니, 나를 물론하고 제일 먼저 이 마음을 밝혀서 이 세상을 운전할 만한 지식과 청정한 행실을 구하지 아니하고 호기스럽게 운전수 즉 주간자되기를 좋아하니 어찌 가련치 아니하리요. 이것은 소위 봉사가 사람을 인도함과 같고 날개 돋지 않은 새가 창공을 나름과 같을 것입니다. 이로써 보면 우리의 급선무는 제일 먼저 지식과 청정한 실행을 요구하여야 할 것이요, 지식과 행실을 요구하려면 공부를 하여야 할 것입니다. 그런데 어떤 사람들은 의식주가 급선무니, 처자 보호가 급선무니, 사회구제가 급선무니, 이리하여 공부는 둘째 셋째로 하니 물론 의식주나 처자 보호나 사회구제나 다 이것을 도외시하는 것은 아닙니다. 의식주를 장만하되 공부로써 하고 사회구제를 하되 공부로써 하면 좋지 않습니까. 이렇게 말하면 이해 못하는 사람은 의심을 할지도 모르나 마음 밝히는 실행공부가 사물을 놓고 별다른 공부에 있는 것은 아닙니다. 그럼으로 동시(動時) 공부와 정시(靜時) 공부로써 재가 출가를 막론하고 하는 공부가 있지 않습니까? 그러니 모든 운전수인 즉 주간자들은 이 급선무인 용심공부를 먼저 하여야 될 줄 믿습니다.

익산 총부에서 영광을 가려면 이리역에서 열차를 타고 장성역에 내려 사창을 거쳐 영광으로 가기도 하고, 광주 송정역에 내려 영광으로 간다.

　삼산(三山) 김기천이 어느 때, 익산에서 영광을 가다가 「술 취한 운전수를 보고」 느낀 감상인가는 정확히 알 수 없으나, 원기 19년 4,5월호인 〈회보〉 제9호에 소개된 감상문이다.

당시만 해도 우리 나라에는 자동차가 귀한 시대라 자동차와 관련된 일화가 많다.

― 비가 많이 오는 여름철에는 자동차가 한번 지나가면 흙탕물이 사방으로 튕기어 대부분 사람들이 흰옷을 입었었기 때문에 흙탕물을 뿌리고 가는 자동차에 대한 불만이 대단했다. 견디다 못한 사람들은 비 오는 날 자동차를 못다니게 해달라고 연일 경찰에 민원을 넣었다.

이에 경찰은 "비 오는 날에는 자동차의 네 바퀴에 흙탕물 튀김을 막는 앞치마를 달아야 한다"는 법칙을 공포하게 되었다. 나라에서 정한 법이라고 하니 따르기는 해야겠는데 앞치마를 어떻게 달라는 것인지 구체적으로 알려 주지 않았기에, 어떤 사람은 부인의 삼베 앞치마를 잘라서 타이어 중앙에 있는 바퀴살에 붙들어 맸다. 그렇게 잘못 매단 앞치마는 흙탕물을 막기는커녕 바퀴와 함께 빙글빙글 돌아가서 더욱 신나게 흙탕물을 튀겨댔다. 한편 겨울이면 짚신 타이어가 등장했다. 요새야 스노우타이어 등이 있지만 당시에는 타이어 표면이 민대머리여서 빙판을 만났다 하면 스케이트를 탔다. 그래서 삼(麻)으로 꼬아 만든 새끼줄을 자동차에 한 뭉치씩 가지고 다니다가 얼어붙은 길을 만나면 그것을 바퀴에 친친 감아서 얼음판을 빠져나갔다. ―

부친의 교훈을 듣고

이덕신

　저는 일전 전주에서 남녀 학생 수십 명이 부정 음행(淫行) 관계로 타 지방에 도망하였다가 잡혀서 포승에 묶여 가지고 재판소로 온 일이 있었는데 나이는 20세 내외의 인물들이라는 말을 들었습니다. 아버님께서는 저희들에게 이 일을 이야기하시면서 일러 말씀하시기를 「그것을 보아라. 그 학생들은 도학을 배우지 못하고 세상 욕심을 억제하지 못하여 자행자지 하다가 결국 자기 신분을 더럽히고 부모까지 욕을 얻어 먹게 안 하였느냐. 너희도 만일 저 세상에서 자행자지 한다면 까닥 하다가 뜻 아닌 죄망에 걸릴지 누가 알 것인가? 그러하거늘 천행으로 이 정법회상에 참예하여 날마다 좋은 법문에 목욕하여 청정한 계행을 닦고 무지한 욕심을 제거하여 위태한 세상을 버리고 완전한 세상을 찾게 되었나니 어찌 행복자가 아니랴? 이때에 있어서 아무쪼록 열과 성을 다하여 기대했던 목적을 달성하기 바란다」고 하셨습니다. 저는 이 말씀을 듣고 참 그렇구나 하는 생각이 났습니다. 그 학생들로 말할지라도 그와 같이 타락된 원인을 조사해 보면 다름이 아니라 오직 자기의 심신 작용에 대한 공부가 없는 까닭이며 그뿐 아니라 현대 인류에 누구를 물론하고 낙을 버리고 고를 취하는 것도 또한 심신 작용에 대한 공부가 없는 까닭이 아닌가. 그러한데 저는 종사님의 은덕과 부모님의 은덕을 입어 심신 작용하는 방법을 전문으로 공부하게 되었으니 오직이나 행복자입니까. 과연 참 행복자라는 생각이 절실히 나는 동시에 또 우리 집 공장 학생들을 생각하고 더욱 감각된 바가 있었습니다. 학원들은 마음공부를 하기 위하여 그 비용을 누구에게도 의뢰하지 않고 자력으로 장만할 목적으로 밥 같지도 않은 밥과 소금찌개에 식사도 변변치 못하고 밤잠도 다 자지 못하며 풍우상설(風雨霜雪)을 무릅쓰고 고생을 하지 않는가. 저는 부모님의 덕택으로 호의호식하며 자유로운 몸으로 공부하게 되니 어찌 편한 공부가 아닙니까? 이러한 가운데에 만일 정신을 차리지 못하고 공부에 열심히 하지 못한다면 당연히 사은의 죄벌하심을 면치 못할 듯합니다. 그러므로 출생 이후 과거 16년간을 헛되이 살아 왔으나 이제부터는 새로운 각성을 하여 우리 공부에 전력하여서 대각 성불하온 후에 네 가지 큰 은혜를 갚고 아래로는 삼악도 중생을 제도하리라는 생각이 났습니다.

이덕신은 16세의 나이로 원기 19년 총부 제18회 정기훈련 즉 갑술하선(음 5. 6 ~ 8. 6)에 입선하여 전문공부를 하던중 발표하였던 「부친의 교훈을 듣고」라는 감상담을 원기 19년 6, 7월호인 〈회보〉 제10호에 소개하였다.

갑술하선은 유허일 교무의 지도로 남여 30여명이 입선하여 선원들은 무

더운 날씨임에도 건강한 몸과 마음으로 공부에 열심이었다

　소태산 대종사 7월 14일에 경성출장소 제2회 정기훈련 즉 갑술하선 순시차 상경하기 전까지는 총부선원에 나오시어 해주시는 법문으로 선원들은 낙도생활을 하였다.

　하선을 나는 중에도 입선하지 못한 회원들은 사무실 또는 산업부에서 근무하였고, 공장에 다니며 공부 비용을 마련하고 있는 학원생들은 이덕신의 부친이 운영하는 공장에서 무더운 날씨로 인하여 구슬땀을 흘리며 근무했다.

　회보 제10호에는 이덕신의 감상문 뿐만 아니라, 송규(정산종사)의 「우리의 공부가 승급되고 진급되는 원인」과 부산 하단(당리)지부 김종성의 「향양공원을 보고」라는 감상문과 이공주의 「종사주의 진영을 뵈옵고」와 송도성의 「새끼소」라는 시(詩)도 발표되었다.

일진(一塵) 흑운(黑雲)을 보고

김종성

　종성은 요사이 가정 일에 괴로움을 느낀 바 있어서 잠깐 집을 떠나 두루 다니면서 정신 소창을 하게 되었습니다. 그래서 부산 동래면 석사리 도작계곡 소림굴(小林窟)에서 하룻밤을 자고 다음날 아침에 동창(東窓)을 열고 홀로 앉아 수영산(水營山)을 바라보니 마침 정상에 한바탕 검은 구름(一塵黑雲)이 일어나서 햇빛을 가리어 아름다운 산수를 볼 수 없게 되었습니다. 종성은 무심히 하는 말로 검은 구름이 산을 가려서 좋은 경계를 볼 수가 없구나 하고 묵연히 앉아 있었더니 검은 구름은 점점 사라지고 햇빛이 밝게 빛나서 삼라만상의 모든 경계가 소소영령하게 나타나지 않는 것이 없습니다. 그 수영산은 본시 수려한 산으로 아침 날의 빛나는 모습이 더욱 선명하여 보는 사람의 정신으로 하여금 장쾌한 기미(氣味)를 느끼게 합니다. 그래서 종성도 이 장쾌한 정신으로 선명한 경계를 사랑하여 앉아 있는 것을 잊어 버리고 산만 바라보다가 문득 한 생각이 일어났습니다. 저같이 아름다운 산색도 한 바탕 검은 구름으로 인하여 암흑의 모습이 되고, 저같이 명랑한 햇빛도 한바탕 검은 구름으로 가려진다. 우리 마음은 무엇으로 인하여 광명을 나투지 못하는고 하며 무엇이나 깨달은 듯 머리를 기울고 생각하든 차에 오 - 세욕(世慾)하고 두 글자가 머리에 떠올랐습니다. 오 - 세욕이란 나의 자성을 가리는 검은 구름이요. 나의 마음광명을 장애하는 물건이로다. 아 세욕이란 무엇이건대 암흑의 빛을 나툰단 말이냐. 여러 말 할 것 없이 이것은 곧 애착 탐착심이다. 어찌하여 그러한고. 나의 몸이 욕망의 즐거움을 탐착할 새 마음의 낙(樂)을 발견치 못하고, 삿된 이욕을 탐착할 새 공중 사회의 이로움은 발견치 못하고 일생의 몸을 탐착할 새 다생에 몸을 받기 어렵고 처자의 은애(恩愛)[11]를 탐착할 새 사은의 지중한 은혜의 사랑을 알지 못하고 작은 나의 몸(小體我)에 집착할 새 근본된 나의 몸(大體我)을 알지 못하여 대체(大體)를 놓고 소체(小體)로, 영생을 놓고 단생으로, 영원한 낙(樂)을 놓고 일시적 낙(樂)으로, 큰 은혜를 놓고 작은 은혜로 들어가는 것이 모두 다 저 세욕의 탐이 아니고 무엇인가. 세상 욕심의 결과는 검은 구름이다. 세상의 욕심이 가린 곳에는 참다운 진리가 보이지 않고 시비의 분석이 나타나지 않나니 이것이 암흑 경계가 아니고 무엇이랴. 그런고로 옛말에 이르기를 색 수 상 행 식(色受想行識)은 오온(五蘊)이라 칭하고 또한 오음(五陰) 흑운이라 하였다. 오 - 세상의 욕심만 해탈하면 오온이 공(空)함을 볼 것이요, 오온이 공하면 일체 고액(苦厄)을 멸도(滅度)하리로다. 세상 욕심이라는 한 바탕 흑운이 사라지면 저 수영산보다도 더 좋은 자성의 금강산이 선명하게 드러날 것이요, 따라서 하늘의 햇빛보다 더 찬란한 자심(自心)의 광명이 나타나서 무애자재 하리로다. 이와 같은 생각에 종

---

11) 은애(恩愛) : 은혜와 도타운 애정.

성은 환하게 열리는 기쁨으로 아 - 내가 전에도 이런 생각이 있었던 가? 전에도 산도 보고 구름도 보았으련만 어찌 이와 같이 영령(靈靈)한 때가 없었던가. 별것이나 얻은 듯이 좋아하며 우리 대성 종사주의 막중한 은덕을 절실히 느끼는 동시에 이제부터서는 더욱 삼강령 공부를 정진하여 자심의 모든 장애를 소멸하고 지행 청정의 공덕을 성취하리라는 생각을 더욱 분발하였습니다. 따라서 마음이 어찌나 활발하고 즐거운지 입에 씹히는 대로 높고 낮음과 밝고 흐림이 없는 글귀를 아래와 같이 썼사오니 여러분은 한번 웃으시고 보아 주시기를 바랍니다.

一. 조기간산홀유감 활연무애시원상
　　(早起看山忽有感 豁然無碍是元常)
二. 풍풍우우소요일 시시비비반복장
　　(風風雨雨騷擾日 是是非非反覆場)
三. 백년종욕일조몽 반세수공만겁영
　　(百年從慾一朝夢 半世修工萬劫榮)
四. 염념불은종불망 기인유흥여오동
　　(念念佛恩終不忘 幾人幽興與吾同)

　　　　　　　　　　창산(蒼山) 김종성은 부산 당리에서 태어나 이타원 장적조가 부산에서 처음 교화를 시작할 때인 원기 16년 59세에 입교하여 하단(당리) 지부의 창설과 함께 남 먼저 대도회상에 참여한 기쁨으로 삼산 김기천 교무의 지도를 받으며 공부에 재미를 붙여 매일 아침 지부에 와서 청소를 하는가 하면 백일기도를 하는 등 공부에 전력을 기울였다. 그는 〈회보〉에 「향양공원을 보고」, 「단결 없는 사람은 미물만 못하다」 등 많은 감상문을 발표하였다.

「일진흑운을 보고」의 감상문은 원기 19년 하단지부 제4회 정기훈련 즉 갑술하선(음 5.6-8.6)에 8~9명의 부산 회원이 입선하여 김기천 교무의 지도로 훈련을 하였다. 이 때 김종성이 입선하여 훈련을 받으며 감상을 발표한 것으로 보인다. 이를 김기천 교무가 수필하여 원기 19년 8,9월호인 〈회보〉 제11호에 소개하였다.

김종성은 원기 29년 서기(瑞氣)가 방광(放光)하는 가운데 열반하였다.

갑술(원기 19년) 하선 중 얻은 나의 감상

김영신

저는 대성 종사주 슬하에서 겸하여 다정하신 우리 형제들을 의지하고 세상맛이 어떤 것인지 아무 철없이 지내오다가 불시에 천리 타향인 부산을 오게 되었습니다. 이날까지는 종사주의 대법선(大法船)에 몸을 의지하여 오직 노 저어 주시는 대로 따라다니며 어디로 가든지 어떠한 풍랑이 온다 하여도 워낙 배가 크고 사공이 능하신 머리에 영문도 모르고 그 법선 속에서 배불리 먹고 편히 자고 노래도 부르며 극락의 생활을 하였더니 이제는 그 편안한 생활을 맛볼 수 없고 잘하나 못하나 자력적 길을 밟게 되었습니다. 넓고 넓은 바다에 한 조각배가 되어 돛대도 없고 삿대도 없이 사공마저 서투른데 겸하여 모진 바람 험한 물결 닥쳐 올 때 잘하려고 하나 더욱 풍랑 속으로 들어가며 혹은 길 아닌 길로 들어가서 갈 바를 분간치 못하고 이리저리 방황하며 아무리 아버님(대종사)만 소리 높여 찾은들 멀리 있는 본관(총부)에서 어찌 대답이 있을 것입니까? 이에 따라 한탄만 나올 따름이외다. 내가 아버님 슬하에 있을 때에 배를 왜 크게 못 만들었던고? 왜 내가 사공법을 능숙히 못 배웠던고 하는 생각이 나올 뿐이외다. 한없는 바다에서 70여 일 동안 방랑의 생활을 하고 보니 옛적 법선 속이 그리우며 완전하신 우리 아버님 사공법이 그립습니다. 저의 사공이 서투른 머리에 고생을 하다가 조금 생각이 나서 두어 가지 적어 보려 합니다.

一. 잘못하는 때에 과한 속을 태우지 말고 오직 주의심만 놓지 말라. 내가 가르치는 사람이 되었으니 매사를 잘하여서 남보다 잘난 사람이 되어 보자는 마음이 있어서 조금 잘하면 안심이 되고 또 말과 행동을 한 뒤에도 뒷조사를 하여 보아서 잘되었으면 안심이 되지만은 만일 잘못 되었다든지 안할 행동을 하였다는 것을 깨달을 때에 주는 그 고통은 참으로 심신(心身)을 여간 괴롭게 하는 바가 아닙니다. 우리는 남보다 잘한다는 말만 듣기를 즐겨할 것이 아니라 나는 배우는 사람이니 어찌 천만 가지 일과 이치를 단번에 다 잘하리요, 잘하든지 못하든지 나의 공부하는 주의심만 놓지 말고 혹 잘못하면 잘하도록 하며 잘한 것은 더욱 잘하도록 하기로만 하면 이것이 내가 잘해 나갈 길이건마는 공연한 근심을 하고 심신을 괴롭게 하였사오니 사공이 서투른 소치라고 생각하였습니다.

二. 역경계(逆境界)[12]을 주는 사람이나 순경계(順境界)을 주는 사람을 평등히 보라. 나에게 순경을 주는 사람은 고마운 생각이 나며 따라서 나도 그분에게 향한 마음이 여간 다정하고 안 오면 기다려지고 의논이라도 하고 싶지만은 만일 나에게 역경을 주는 그 사람은 항상 미운 마음이 끊일 사이 없고 따라서 언어가 불순하여지며 대하기 싫은 생각까지 나게 되어 자연 차별대우가 나오게 됩니다.

---

12) 역경계(逆境界) : 일이 순조롭지 않아 매우 어렵게 된 처지나 환경의 일. 반)순경.

그런즉 이 마음이 어찌 일체중생을 살리는 도덕심이겠습니까. 이런 생각을 할 때에 자연히 우러나오는 차별심과 강연히 돌리려는 평등심 이 두 사이에 저는 퍽이나 괴로웠습니다. 그러니 우리는 선악이 모두 나의 스승이라는 말씀을 더욱 명심하여 순경을 주는 사람이나 역경을 주는 사람이나 모두에게 친절히 하리라는 새 서원을 세우는 동시에 기울어지는 마음이 있는 것은 또한 사공이 서투른 소치라고 생각하였습니다.

　三. 가르칠(敎授) 때에 먼저 빠르게(速) 가르치려는 마음을 없애라. 만일 잘 가르쳐 보리라는 마음을 가지고 가르쳐 보다가 뜻대로 안되면 또 그 고통이 약간 아닙니다. 60이나 70년간 굳은 그 습관을 하루 사이에 어찌 고치며 언문(한글)도 모르는 그분들을 모시고 잘하려고만 마음을 먹으니 본래에 배우지 않은 문학이 어찌 쉽게 이해가 될 것입니까. 이에 대해 저는 쓸데없이 속이 타서 이러는구나. 내가 어찌 이 일을 할까? 이렇게 애를 태우다가는 일 년이 못가서 병이 날 것이니 이렇게 하여야 옳은가? 어떻게 할까? 하고 번민과 고통을 느끼다가 또 한번 돌리고 보니 나의 무지한 것이 환합니다. 이렇게 애를 탈 것이 아니라 쉬지 않고 오래오래 하면 모르는 것도 알아지고 잘못하는 것도 잘할 터이니 특별히 속(速)히 잘 가르쳐 보려는 마음은 도리어 망상이다. 어찌하였든 나의 책임만 잃지 않고 점진적으로 기질 변화되는 법을 깨달으니 또한 사공이 서투른 것을 알겠습니다.

원기 19년 총회 때 공동생일 기념으로 〈백설공주〉라는 연극을 했다. 김영신은 백약이 무효로 죽게 된 백설공주를 사은사요 · 삼강령 팔조목 등 법설의 정신요법으로 완치시키는 의사 역할이었다. 총회에 참석하였던 부산 회원들이 〈백설공주〉 연극에서 의사 역할을 했던 김영신을 교무로 달라는 편지를 보내 왔던 것이다. 그리하여 융타원(融陀圓) 김영신은 원기 19년 6월 14일에 정녀로서 최초의 지방 교무로 남부민 출장소에 부임하였다.

하단(당리)지부에 다니는 시내 회원들이 하단과는 거리가 너무 멀어 내왕하기가 불편하므로 셋방 하나를 얻어 회실을 마련하자고 하여 하단지부 삼산 김기천 교무와 양원국 교도 등이 남부민 산비탈 가정집의 단칸 셋방을 얻은 것이다.

셋방은 아들 넷, 딸 둘인 집이었다. 더울 때는 아들들이 훈도시만 차고 다녔고 식사 때 겸상을 해서 먹었으나 그들은 그대로였다. 김영신은 부끄러워 고개를 숙이고 눈 앞에 있는 간장만 찍어 먹을 때가 많았다.

그들은 김영신에게

"노처녀가 집안에 있지 왜 선교하려 왔소?" 하며 조롱도 하였다.

하루는 교도집에 초상이 나게 생겼다고 독경을 청해 왔다. 방에 들어가니 곧 숨이 넘어가는 환자였다. 안주인은

"선상님 참 잘 오셨습니다"

가족은 집안 일 보기에 바빠 김영신이 혼자 환자 옆에 있게 되었다. 얼굴에는 빨간약, 노란약, 흰약, 파란약 온갖 약이란 약은 다 발라 놓고, 환자는 꺽꺽 소리를 냈다. 김영신은 겁에 질려 온 몸이 땀으로 젖으며 독경으로 밤

을 지샜다.

　그 해 남의 셋방 한 칸에서 김영신 교무는 황대일화, 김성명화, 김대명화, 박기선, 윤문선, 백준명화 교도와 남부민출장소 제1회 정기훈련 즉 갑술하선(음 5.6~8.6)을 하게 되었다. 김영신은 하선을 지도하면서 부산에 와서 교화와 하선을 나며 느낀 감상문을 원기 19년 8,9월호인 〈회보〉 제11호에 소개하였다.

　남부민지부는 박허주가 대지 25평 가격 200여원을 의연하고 김선명화, 윤문선 등이 협력하여 박허주의 집옆에 터를 잡아 원기 19년 9월에 회관을 짓고 10월 28일에 소태산 대종사와 이공주, 신영기가 총부로부터 와 봉불식을 가졌다.

　김영신은 소태산 대종사께 초상집에는 무서워서 못가겠다고 하자 "죽은 명태가 무섭느냐"고 묻고, "사람 죽은 것이 명태나 같은데 뭐가 무서우냐"고 하였다.

　김영신은 그 뒤부터는 초상집에만 가면 「명태」 하고 주문을 외듯 중얼거렸다.

　남부민출장소는 오늘날 부산교당이다.

단결 없는 사람은 미물만 못하다

김종성

  종성이 여고리(余古里) 산(山) 암자(庵子)에서 경을 보다가 바람을 쐬려고 일우산(一隅山)[13] 노변(路邊)을 배회하다가 마침 한 곳을 살펴보매 한때 개암이(개미)가 무리를 지어서 상호 왕래하는데 그 숫자를 가이 계산할 수 없이 많습니다. 종성은 사람이 없는 적막한 산속에서 무슨 기이한 현상이나 만난 듯이 흥미있게 이것을 구경하고 있으면서 혼자말로 '아! 참 너희들이 하는 일은 무엇이냐' 하고 물어 보았으나 그들은 아무 대답도 없이 다만 식량품을 준비하고 있는 모양이 보입니다. 개중(箇中) 수만의 군중이 대소 귀천의 차별이 없이 평등적으로 공동작업을 하되 서로 시비를 다툼이 없고 서로 발로 짓밟지도 아니하여 부자 형제같이 서로 길을 사양하고 서로 자애충경(慈愛忠敬)[14] 한 태도를 가지고 그 힘을 다하여 작업을 하는 가운데 규모(規模)[15] 가 단단하고 예산이 튼튼하여 겨울 준비의 방침이 착착 진행되며 그 모아서 쌓아올려 건설한 것이 눈비를

---

13) 일우산(一隅山) : 산 한 모퉁이.
14) 자애충경(慈愛忠敬) : 자애롭고 공경으로 충성스러움.
15) 규모(規模) : 본보기가 될 만한 제도. 규범.

능히 예방할 만큼 하여 놓은 것은 당당한 단결력과 근실과 기계로 한 것 같은 작업을 가지고 있습니다. 종성은 이것을 볼 때에 부지중 신기한 생각이 낫습니다. 아! 누가 저 개암미를 보고 미물이라 한단 말이냐. 우리 보통 인생들로는 저와 같은 단결과 규모를 가지고 생활하는 자는 드물다. 보라. 친족으로 된 한 가정도 단합치 못하여 부자가 송사하고 부부가 이별하며 형제가 반목한 자들이 그 몇몇이며 부자 형제 부부가 서로 그 책임을 잃고 각자의 편리를 도모하여 의복 음식이 평균치 못하고 고생과 노력 오락이 평등치 못하게 하다가 서로 원망하고 서로 마음이 서로 맞지 않아 단 삼일간의 계획도 세우지 못하고 가난하여 배고픔과 추위에 빠진 가정이 부지기수요 소위 사회단체를 두고 보아도 처음에는 그럴 듯 하나 얼마 되지 않으면 분규니 해산이니 하여 스스로 파멸하는 단체가 또한 부지기수라, 어찌 저만한 단결과 규율이며 자애충경과 근실을 가지고 겨울 준비 계획을 튼튼히 하고 있는 개암이와 비유하리오. 나의 신기한 생각이 과연 무리는 아닐 것입니다. 또한 종성은 본래 사업에 두각을 나타내려는 자로 어찌 저런 흥미스런 단결작업에 일구(一句)의 감상이 없으리요. 더구나 우리 도덕 회중의 사업은 시방세계 대중을 한 가정으로 하는 사업이라 반드시 단결을 주장하여야 할 것이요, 단결을 하기로 하면 첫째는 우리 회원들이 본회 교법에 신앙이 독실하여 절대 복종하여야 할 것이요, 둘째는 본회 규칙을 빠짐없이 준수하여야 할 것이요, 셋째는 우리가 서로 형제자매와 같이 자애충경과 고락을 함께하여야 할 것이니, 이와 같이 하여 한 교리 하에 정신을 세우고 한 규칙하에 손발을 놀리고 자애충경으로 상대하여 각자 책임과 의무를 잃지 않으면 많은 어려움 속에서 흩어지지 않는 단결을 성취하여 대도사업이 널리 미쳐서 무량중생을 건지기에 어렵지 않겠다는 생각이 났습니다. 저 미물인 개암이도 오히려 행하는 일인데 하물며 영장(靈長)인 사람이며 사람 중에도 또한 도학에 종사하는 사람들이야 다시 말할 것이 있으리오.

●

창산 김종성의 감상문은 70쪽 「일진 흑운을 보고」와 같이 갑술하선에서 발표한 것으로 보여진다. 이를 하선 지도교무인 삼산 김기천이 수필하여 원기 19년 10월호인 〈회보〉 제12호에 소개하였다

수박 따는 것을 본 나의 감상

최동인화

저는 집안이 가난하여 농사의 부업으로 금년에는 수박 몇십 포기를 놓아 보았습니다. 매일 밭에 나아가서 그 수박을 가꾸고 지키던 바 어언간 수박은 익어서 먹을 때가 되었던 까닭에 혹 사러 오는 사람도 있었습니다. 그러나 저의 가족은 한 사람도 수박 익은 것을 알아보지 못하여 딸 수도 없고 팔 수도 없는 고로 생각다 못하여 평지리 우리 회관(마령지부)으로 가서 교무 선생님 「김광선」씨께 그 사정을 말씀하였습니다. 그런즉 교무 선생님께서는 곧 수박밭으로 오셔서 보시더니 누구에게 물을 것도 없고 의심할 것도 없이 익은 놈을 다 가려서 땄습니다. 그것을 본 저는 하도 신기하여 감탄함을 마지아니하며 「선생님께서는 어떻게 그와 같이 수박이 익은 것을 잘 알으십니까?」 하고 물은즉 선생님은 대답하시되 「나도 처음에는 수박이 익고 선 것을 잘 알지 못하였으나 여러 해 동안 수박 농사를 짓고 나니 자연히 익고 선 것을 분간하게 된 것이요 당신네도 금년은 수박농사가 처음이니까 익고 선 것을 알지 못하나 나와 같이 여러 해를 하고 보면 저절로 알아질 것인데 무엇이 신통하리오」 하셨습니다.

저는 그 말씀을 듣고 곰곰이 생각하니 과연 무슨 일이나 처음 배울 때에는 못할 것같이 어렵고 안 될 것 같지만은 자꾸자꾸 하여 보면 점차로 알아지고 잘 되는 거와 같이 수박 농사도 여러 해를 하고 보면 그렇게 익숙하게 알아지겠다는 생각이 나는 동시에 한 감상이 났습니다.

다름이 아니라 어찌 수박 농사에 대한 지식만 그러하리요. 인간 백천 만사가 다 그러하여 물론 처음에는 무엇이나 알지 못하다가도 자꾸 배우고 익히면 알아지는 것이 사실이다. 그러면 나는 무엇 무엇을 알았는가 하고 생각하여 본즉 먹고 입고 사는 것이나 겨우 알았을 뿐이지 사람으로서는 면할 수 없는 의무와 책임이 무엇인지도 모르고 지냈습니다. 과연 저는 무식하고 우치하였습니다. 아무리 사람의 껍질을 썼다 하여도 배우지 못하면 금수와 다를 것이 무엇이겠습니까. 그러면 오늘부터라도 배워서 의무와 책임을 지켜야 하겠다는 생각이 나는 머리에 아래와 같은 결심을 하였습니다.

지금 형편이 전문 공부(정기훈련)는 할 수가 없으니 부지런히 집안의 생계를 돕는 한편에 틈틈이 회관에 가서 공부를 해야 하겠다, 만일 이대로 엄벙덤벙하다가 이 몸이 죽게 되면 어찌 악도를 면하리요. 부지런히 예회에도 빠지지 말고 그 외라도 여가 있는 대로 교무 선생님께 가서 사람으로서 반드시 할 일과 아니 할 일을 분명히 배워 가지고 당연한 일만 하고 부당한 일은 아니하여 의무와 책임을 잘 지켜보겠다는 생각이 났습니다.

마령지부 최동인화가 원기 19년 수박 농사를 짓다가 수박 따는 것을 마령지부 교무 팔산(八山) 김광선의 지도를 받았던 내용을 감상으로 이야기하자 김광선 교무가 수필하여 원기 19년 10월호인 〈회보〉 제12호에 소개하였다.

김광선은 원기 17년 마령지부 교무로 부임하여 창설 초 어려운 회관(지부) 형편에 유지대책이 막연하였다. 김광선은 부임한 후 주경야독으로 교리훈련을 시키는 한편 직접 괭이를 들고 회관 주변의 공한지를 개간하였다. 또한 수박농사를 짓는가 하면 과수원을 경영하여 마령교화의 토대를 세웠다. 뿐만 아니라 누에 실뽑기, 명주 베짜기 등 여가를 선용하는 산업교화를 하였다. 김광선의 수박재배법은 마령지역 교도와 농민들의 경제생활에 큰 도움을 주었다.

이 때 최동인화도 김광선 교무의 지도를 받으며 수박농사를 지은 것이다.

마음 놓고 뛰는 송아지를 본 나의 감상

박혜련화

　저는 어느 날 이웃집에 볼일이 있어서 가니 그때에 마침 외양간에 있던 송아지가 밖으로 나와서 마음 놓고 제멋대로 뛰어다니는 것을 보았습니다. 그때에 여러 사람들은 박장대소하며 그 송아지를 구경하고 있었습니다. 저도 거동을 보고 있다가 이러한 생각을 하여 보았습니다.「아! 저 송아지가 아직은 어려서 길이 들지 못하였으므로 저와 같이 외양간에서 뛰어나와 질서 없이 제멋대로 뛰어다니는구나. 만일 저 송아지를 사람이 길들이지 아니하고 언제까지든지 저대로 내버려 둔다면 결국은 무용지물이 될 것이요 오직 잡아서 고기로나 먹을 것이다. 그러나 지금부터 점진적으로 길을 잘 들여서 논과 밭도 갈리고 구루마(수레)도 끌리어 힘든 일 하는 데에도 인내력이 생기게 되고 능률이 생기게 된다면 그는 가치 있고 유용한 소가 될 것이다. 그러나 지금은 사람이 많이 가르치지 못하고 길들이지 못하여 저의 할 일이 무엇인지도 알지 못하고 저와 같이 자행자지로 뛰어다니는구나. 그러나 저 소와 같이 멍청한 짐승에게도 논과 밭을 갈고 구루마를 끄는 등의 의무와 책임이 있으며 그 의무와 책임을 이행할 만한 힘을 얻기로 말하면 모든 괴로움을 참고 사람의 지시하는 대로 말을 잘 듣고 자꾸 익혀서 힘과 능이 생겨야 어디를 가든지 환영과 귀여움을 받나니 그러면 저 소만 그러할 것인가. 아니다. 소위 만물지중(萬物之中) 최령(最靈)하다는 사람도 그러하여 같은 사람 가운데에도 배움이 많고 행실이 얌전하면 귀중한 사람이 되고 환영받는 사람이 되는 것이요 만일 저 길들지 못한 송아지 모양으로 자행자지하여 불의한 일이라도 마음대로 행하는 사람은 그의 품격과 가치가 떨어질 것이요 어디를 가든지 배척받는 인물이 될 것이다. 아! 과연 그러할 것이다. 그러면 지금 나는 어떠한 인물에 속할 것인가? 나는 빈한한 촌가에서 아무것도 배움이 없으니 따라서 인도 정의를 알지 못하고 오직 눈에 보이는 대로 귀에 들리는 대로 마음에서 욕심나는 대로 자행자지하였으니 물론 현재에도 가치 없는 사람이요 나중에라도 악도를 면치 못할 것이다. 그런데 요행하게도 나는 도덕회상에 입참하였고 나의 앞길을 열어 주옵실 대성 종사주와 알뜰하신 동지 선생님을 만났으니 무슨 한이 있으리요. 그러나 내가 공부를 아니하면 길들지 못한 송아지 같아서 쓸데없는 인물을 면치 못할 것이니 오늘부터라도 새 정신을 내어 종사주께서 제정하신 공부의 요도와 인생의 요도와 솔성요론을 아무리 어려워도 꼭 배워 행하고 삼십 계문은 아무리 하고 싶어도 죽기로써 참아서 같은 사람 가운데에서도 가치 있고 귀한 대접을 받는 사람이 되어 보겠다는 생각이 났습니다.

낭타원(朗陀圓) 박혜련화는 남원 수지 호곡리에서 태어나 오귀열과 결혼하여 진안 백운에서 살았다. 42세 때 부군이 세상을 떠나자 시부(媤父)의 시봉과 자녀 양육에 힘쓰다 46세 때인 원기 13년에 삼타원 최도인화의 인도로 입교하였다. 그는 마령에 회관(지부)이 설립되자 20리길을 지척같이 여기고 예회, 야회에 참석하였다.

시부는 선비집이라 해서 박혜련화의 바깥 출입을 금지하며 가훈 또한 엄하였으나 그는 어떠한 수단 방법을 동원해서라도 예회, 야회에 참석하였다.

박혜련화는 농번기가 되면 이른 새벽부터 들에서 종일 일하고 석양이면 저녁도 먹지 않고 엄한 시부와 가족의 눈치를 피하여 고달픈 몸으로 야회에 참석하여 법(法)을 들으면 어찌도 좋은지 잠이 오지를 않았다 한다. 그리고 날이 샐 무렵 식구들이 일어나기 전 집에 도착하였다. 험한 산길과 큰 개울을 건너야 하는 회관과 20리길을 비가 오고 바람이 불어도, 질책과 비난 속에서 법을 듣지 않고는 견디지 못하는 정성된 마음에 가족들이 마침내 감동되어 온 가족이 귀의하였다.

박혜련화가 뛰노는 송아지를 보고 느낀 감상을 회관에서 이야기하자 그 내용을 마령지부 김광선 교무가 수필하여 원기 19년 10월호인 〈회보〉 제12호에 소개하였다.

종사님 지도하심에 절대 복종하리라

이성주화

　이번 하선(夏禪 원기 19년)을 해제한 후에 집안일을 대강 보살펴 주다가 마침 부엌에 불을 넣게 되었습니다. 심념(心念)으로 아미타불을 불으면서 무심히 불을 넣는 중 어디에서 개고리(개구리) 한 마리가 허둥지둥 뛰어와서 불이 방금 타는 부엌 속으로 뛰어 들어갑니다. 그래서 저는 급한 마음으로 어떻게 구제해 볼까 하여 막대기로 때리며 손과 발로 막아 보았으나 개고리는 기어이 부엌 속으로 뛰어들어갔습니다. 그래 저는 무슨 실망이나 한 듯이 애달픈 숨을 쉬면서 부엌을 들여다본즉 개고리는 불 앞에 엎드리고 있다가 뜨거움을 견디지 못하여 도로 뛰어나왔습니다. 저는 불행 중 다행하다는 생각으로 아주 후환 없이 멀리 보내 주려고 또 끌어내었으나 무식한 개고리는 저를 죽일 줄 알았는지 다시 돌아서더니 도로 부엌으로 뛰어들어갑니다. 저는 그만 애가 타서 막대기와 손발로 이리저리 막아 보았으나 여러 가지 방어책은 다 수포로 돌아가고 개고리는 두 번째 부엌 속으로 들어갔습니다. 저는 또 부엌을 들여다 보며 이 무지한 개고리야 처음에는 불인 줄 모르고 들어갔다 할지라도 지금 또 들어간단 말이냐 하고 한탄하고 있을 때 개고리는 또 뜨거운 것을 느꼈는지 급급히 뛰어나옵니다. 저도 역시 처음에 실패된 구제책을 유감으로 생각하여 한층 더 맹렬한 활동으로 손발과 막대기로 쫓아 밖으로 몰아냈더니 개구리는 할 수 없이 단장(短墻: 작은 담장) 밑으로 뛰어나가고 말았습니다. 저는 무슨 위급한 경계에 빠진 사람이나 건져낸 듯 힘이 다 빠진 듯이 숨을 길게 내쉬고 하는 말이 '참 무지한 개구리로다. 뜨거운 불 속으로 기어이 들어가는 것을 건져 주려 하여도 그 뜻도 모르니 참으로 불쌍하고 가엾다' 하며 다시 불을 넣으며 생각한 즉 한 감상이 났습니다.

　비단 개구리만 그러하냐. 우리 인생도 또한 그러하나니 비유해 보면 선도를 놓고 악도로 들어가는 사람을 곧 불로 들어간다고 할 수 있으며 직접 불 속이라 하여도 과언이 아닐 것이다. 가령 살생 도적을 한다, 간음을 한다, 술을 먹는다, 악한 말과 잡기를 한다, 남을 해롭게 하여 자기를 이롭게 하려 하는 것이 필경에는 감옥으로 가 직업을 잃고 춥고 배고픔의 길로, 천한 일과 질병으로 고생하는 길로 타락되며 심하면 피살 혹은 자살로 또는 비관하여 정신을 잃는 자도 있나니 저 개구리와 다른 것이 무엇이리요. 저는 이 생각을 할 때 개구리를 향하여 합장 경례를 무수히 하고 찬탄하는 말로 '어떠한 대보살님이 개구리 얼굴로 나투사 이 우매한 성주화를 깨쳐 주려 오셨습니까.' 이후는 우리 종사님의 지도하시는 방편을 절대로 복종하여 물과 불속에 들지 않게 하여야겠다는 생각이 났습니다. 그러면 우리가 저 개구리보다 나은 사람이 되려거든 알면 아는 대로 모르면 모르는 대로 우리 종사님 자비하신 지혜의 손으로 건져 주시는 지도방편에 절대로 복종하여야 하겠다는 느낌이 났습니다.

보타원(普陀圓) 이성주화는 원기 16년에 이타원 장적조의 인도로 입교하였다. 하단(당리)지부장인 부군 양원국과 함께 충천하는 신심으로 지부 창설에 힘과 열을 다했다. 그런가 하면 딸 양도신(훈타원)을 부산지역 전무출신의 문열이가 되게 하였다.

이성주화는 원기 19년 하단지부 제4회 정기훈련 즉 갑술하선(음 5. 6 ~ 8. 6)에 부군인 양원국과 함께 입선하였었다. 하선 해제식을 마치고 이성주화는 10월 14일(음 9.6) 예회와 11월 3일(음 9.26) 예회에서 감상담을 발표하였다.

「종사님 지도하심에 절대 복종하리라」 하는 감상담은 2번의 예회 중 어느 예회에서 발표한 감상담인지는 알 수 없으나 하단지부 삼산 김기천 교무가 수필하여 원기 19년 11,12월호인 〈회보〉 제13호에 소개하였다.

풍우상설을 다 겪어도 도문종자 되어 보리라

김지영화

　이번 예회에 와 보니 우리 도실(하단지부) 담장 위에 황금덩이같은 호박이 여기저기 놓여 있습니다. 저는 이것을 보고 하도 반가워 만져보며 하는 말이 호박아! 내가 봄부터 너의 생장하는 경과를 보았거니와 이성주화씨가 심고 교무 선생님(삼산 김기천)과 여러 사람들이 길러 넝쿨이 성장하고 꽃과 열매가 번식하여 매양 일취월장(日就月將)하더니 중도에 모진 바람과 소낙비며 가뭄과 병충해로 줄기가 도로 오그라지고 맺었던 열매와 꽃이 말라 떨어지고 별별 재앙이 많지 않았는가. 또는 그 후 화창한 바람과 알맞은 비가 다시 지나가니 줄기가 다시 길어나고 꽃이 피고 열매가 맺어서 사람이 따다 먹었으니 그러면 호박 너는 4중 5중으로 재앙의 공격을 당하여 결국 종자가 없을 듯 하였는데 어찌하여 이와 같이 몇 개의 종자가 남아 있단 말이냐. 참으로 감상이 날 바이다 하여 우리 회상 형편이 생각됩니다.

　다름이 아니라 우리 종사님의 도덕 종자가 이 부산에 와서도 재배되었습니다. 장적조(이타원)씨의 전파와 종사님의 따뜻한 법우(法友)의 은택으로 발생되어 저 호박의 넝쿨처럼 회원이 여기저기 생겨나서 이리저리로 뻗치고 뻗치어 매우 왕성해집니다. 그러다가 도 안으로 불신한 자의 행동과 밖으로 무지한 타인의 비방함으로 인하여 혹 많은 동지가 낙심되는 때가 있습니다. 저는 이것을 볼 때 항상 마음이 쓸쓸해지고 약하여 이 도법(道法)이 언제나 세상에서 환영을 받고 따라서 왕성해질 것인가 하여 장래의 희망이 없을 것 같이 생각이 되었더니 이번 이 호박을 보고 마음이 적이 놓이며 장래의 희망을 발견한 듯 기쁜 마음 한량없습니다.

보시오! 저 호박의 열매가 어찌 여는 대로 다 크며 다 종자가 되리까. 혹 떨어지기도 하고 혹 크기도 하다가 온갖 재앙이 다 지낸 후에 최후로 남아 있는 몇 개의 종자가 있음과 같이 우리의 도덕 종자도 풍우상설(風雨霜雪)의 모든 경험을 다 지낸 후에 참 종자의 판단이 날 것입니다. 저 호박도 오히려 모든 재앙을 이기고 종자를 맺어 전하거든 하물며 원만한 도덕이야 어찌 들어 말인들 하오리까. 이전 말을 들어보더라도 석가세존이 회상을 열 때 처음에는 수십만 신도가 일어났는데 조달(調達)[16] 이의 반대와 바라문도(婆羅門徒)[17]의 비방으로 다 무너졌다 하더라도 오히려 천이백 대중은 남아 있으며 천이백 대중 가운데에도 충실한 십대 제자가 그 혈맥(血脈)을 받아 후래 수천 년의 법종자가 되었으며 저 호박도 한 개의 종자가 내년에 몇백 개의 종자를 전파할 것이니 그와 같이 우리 회상도

---

16) **조달(調達)** : 곡반왕의 아들로 석존의 사촌 아우이다. 어려서부터 욕심이 많아 실달태자와 여러 가지 일에 경쟁이 되어 대항한 일이 많았다. 석존이 성도한 후에 출가하여 제자가 되었다. 출가 후엔 부처님(석존)의 위세를 시기하여 아사세왕과 결탁하여 부처님을 없애고 스스로 부처님이 되려다가 이루지 못했다. 마침내 5백 비구를 규합하여 일파를 따로 세웠으나 그 뒤 아사세왕이 그 당파를 떠나고 5백 비구도 부처님에게 다시 돌아왔으므로 조달은 고민 끝에 죽었다고 한다.

17) **바라문도(婆羅門徒)** : 인도 고대의 종교인 바라문교를 믿는 사람.

최후로 몇 사람만 도를 이루더라도 이 부산 원근천지 내지 전 세계에 우리 도법이 충만될 것은 사실입니다. 그러니 다른 사람의 퇴굴을 걱정하는 것보다도 이 도법이 어서 완성 안된다는 근심보다도 저 먼저 마음을 견고히 하여 어떠한 풍우상설의 난경이 닥칠지라도 퇴전(退轉)치 아니하고 성도하여 도문종자(道門種子)가 되어 보리라는 생각이 났습니다.

●

김지영화는 부산 하단에서 태어나 66세인 원기 17년에 이타원 장적조의 인도로 입교하여 예회와 정기훈련에 빠지지 않고 참석하며 새회상 만남을 천행으로 여기며 낙도생활을 하였다.

그는 원기 19년 제4회 하단지부 정기훈련 즉 갑술하선에 입선하였다.

하선 해제 후 10월 14일(음 9.6) 예회에서 하선에 참여했던 회원 중 5명의 감상담이 있었다.

김지영화의 감상담은 삼산 김기천 교무가 수필하여 원기 19년 11,12월호인 〈회보〉 제13호에 소개하였다. 같은 회보에는 이성주화의 감상담도 소개하여 하단지부 회원 2명의 감상문이 소개되었다.

원기 19년 10월 14일 하단지부 예회록에 의하면,

— 본 일은 본소 제113회의 예회이다. 김종성씨 사회로 출석원을 점명하니 남녀 합 25인이러라. 예행 순서를 마치고 「완전한 지혜의 생활」이란 제로 일동이 윤회 강연하고 휴회하다.

다음은 후(오후) 3시에 속회하고 이봉양화, 박정순, 이성주화, 김지영화,

김종성 제씨의 감상담과 도가(道歌)로 즐기다가 폐회하니 동 5시러라. —
하였다.

〈회보〉 제13호에는 하단지부의 연혁과 현황이 소개되었다.
대략을 살펴보면 아래와 같다.
- 원기 16년에 장적조의 활동으로 다수의 동지자를 모집하여 동년 8월 8일에 사하면 하단리에 10여칸의 집을 400원에 매수하여 16일에 지부를 창설하였다. 현재 정식 회원이 42인이요, 신도가 약 백여인이다.
익년 4월 8일에 총부로부터 교무 김기천이 파견되어 정법훈련에 노력하여 정법에 대한 이해가 깊어지고 독실한 회원이 속출하여 금년(원기 19년) 9월경(추석전) 소태산 대종사 부산행가시 유지비를 자원 담당한다는 서약을 올렸다.
소태산 대종사 하단지부 지부장에 양원국을 임명하여 교무 김기천, 서기 양혜성으로 임원이 구성되었다 -

지환선씨의 독실한 정성을 보고

이완철

　제 아무리 악마의 세력이라도 참 정성의 앞길은 막아낼 수 없는 것이다. 이에 한 실례를 들어 소개하려 한다. 어느 예횟 날 아침이었는데 가을 하늘은 맑게 개이고 아침 일기는 매우 상쾌하였다. 관내(서울지부) 일동은 바쁘게 예회를 준비하던 중 의외에 보기에도 위태위태한 어떤 병든 사람이 병들어 축 늘어진 몸을 좌우 부축에 의지하여 대문 밖에 출현하였다. 그 광경을 본 여러 사람은 당황하여 몹시 급하게 달려나가 맞으니 그는 곧 많은 사람들이 우려하던 지환선씨였다.
　씨(氏)는 사은께서 그의 정성을 시험하기 위하여 병마를 파송(派送)하셨던 것인지 마침 10여일 전부터 불시에 병이 발작하여 병세는 자못 중태에 들어 인사불성의 지경에 이르러 양의와 한약으로 전 가족이 치료에 일대 소동이 일어났던 것이다. 그러나 위에 통증이 있는 씨(氏)는 예회가 있기 전 1, 2일부터 나는 기필코 예회 출석은 하겠다고 선언했다. 그럼으로 좌우에서 단연히 만류하였더니 예횟 날인 아침에는 혼미한 가운데 몸을 분연히 떨치며 예회 행장을 차렸다. 내 이만한 병마로 인하여 나의 생명의 목적을 그만둘 수 없다는 단호한 말에 가족의 만류도 쓸데없고 병마의 항거도 자취를 감추어 버렸다. 단연히 일어나 극도로 쇠약한 몸을 이끌고 오직 혈성의 한 줄기 힘에 의지하여 먼 거리를 걸어서 많은 고생을 하며 이와 같이 도달하였던 것이다. 그날 예회를 마치고 귀가한 후로도 병세는 여전히 계속하여 날로 심한 고통을 겪었다. 그러나 씨(氏)의 끝없는 정성은 이에 조금도 굴복함이 없이 그 다음 예회에도 그전 모양으로 또 출석하였었다. 이 광경을 본 여러 회원들은 그 정성을 경탄치 아니 할 수 없었다. 이 후로부터 굳센 정성의 힘에 정복을 당한 병마는 제 목적을 이루지 못하고 속절없는 한숨을 쉬고 물러가 버렸으며 씨(氏)는 병마에게 대승리를 얻어 아주 쾌활한 몸이 되었다. 씨(氏)의 말에 의하면 금번 병상이 꼭 가볍지 않을 줄 알았더니 이와 같이 쉽게 퇴치된 것은 반드시 사은의 암조(暗助)[18]라고 했다. 과연 그렇다. 우리들이 보기에도 틀림없는 일이다. 이런 혈성 하에서 악마가 어찌 항복치 않으며 사은이 어찌 도움이 없으랴. 금번 이런 기이한 일은 우리들 나약한 자에게 한 개의 폭탄을 던져 주었다. 만약 가정의 소소한 장애가 자신의 심상(尋常)[19] 한 사고(事故)를 빙자하여 교무부(예회) 출석에 무성의한 자는 씨(氏)의 행사(行事)를 들을 때 양심이 가책되며 머리가 수그러지리라고 생각한다.

---

18) 암조(暗助) : 보이지 않는 곳의 도움. 음조(陰助).
19) 심상(尋常) : 대수롭지 않고 예사스러움.

현타원(玄陀圓) 지환선은 원기 16년 1월에 신원요의 인도로 소태산 대종사를 뵙고 입교하여 동년 6월에 총부를 방문하여 재생의 길을 얻은 듯 기뻐하였다.

지환선은 매년 동하선(冬夏禪) 훈련은 물론 평상시에도 손에서 책을 놓지 않아 《육대요령》이 3권이나 해어지도록 공부하였다.

그는 경성지부가 창신동에서 돈암리에 새로운 터를 잡고 건축할 때 건축비 상당액을 담당하였다.

지환선이 병자의 몸으로 예회에 참석한 것은 원기 19년 가을 어느 날 예회로 여겨진다.

경성지부 응산 이완철 교무가 지환선의 예회 출석 내력을 기록하여 원기 19년 11,12월호인 〈회보〉 제13호에 소개하였다.

지환선이 소태산 대종사의 지도를 받으며 어떻게 변화되었는지를 그의 나이 48세 때인 원기 17년 총부 제14회 정기훈련 즉 임신하선(음 5.6~8.6) 회화시간에 발표한 입회 감상담을 통하여 알 수 있다.

- 나는 경성에서 왔습니다. 나는 무남독녀로 부친께서 나의 배우자를 골랐습니다. 재산도 넉넉하고 하니 그 사람을 중학도 가르치고 또 일본대학에 유학시켰습니다.

나는 남자가 귀국하기를 기다리고 있었는데 그는 동경에서 공부를 한 후 변호사 시험에 합격하고 다른 여성과 혼인하여 아이까지 낳고서 평양으로 건너와 단란하게 생활하고 있다는 소식을 늦게야 들은 나는 화가 치밀어 살 수가 없었습니다.

홧김에 평양에 쫓아가 그 집에 가서 가재도구를 산산이 다 두들겨 부수어 버리곤 하기를 수차했는데 쫓아가면 그 사람들은 도망쳐 버렸습니다.

그것도 연거푸 하니 나도 싫증이 날 정도인데 상대자는 어떻겠습니까? 그래 그만 두고 마음 둘 곳이 없어 재산이 있으니 부모에게 돈을 얻어 날마다 시내 구경을 다니고 했습니다.

그러던 어느 해 4월, 석존성탄일에 관등하러 절에 갔더니 모인 신도들 사이에 "전라도에 생불님이 났다"는 이야기가 파다하였습니다. 나는 지체없이 그 이튿날 길을 떠났습니다. 그 생불님을 뵙고 내 일을 호소해 볼 생각으로 경성을 떠났던 것입니다. 난생 처음 전라도 행이었습니다.

어떻게 온 지도 모르게 불법연구회에 당도하여 처음으로 종사님을 뵈오니 내 마음에 틀림없는 생불님으로 생각되었습니다.

예배 후 나는 소원을 하소연했습니다. 그랬더니 종사님 말씀이 "참 잘 찾아왔다" 하면서 "당신이 한 남자의 아내로 결정이 되면 무척 편하고 평화로운 생활이 이상대로 될 것같이 생각했으나 그런 것은 아니오. 그러니 그렇게 한 가정주부 생활로 그치지 말고 이 대중생활에 협력하여 착실히 공부하면 오히려 인간락보다도 천상락을 누릴 수 있을 것이오. 남편이 현재 취처(娶妻)를 하여 자녀를 두었다 하니 그게 다 결국은 당신 자녀가 될 것이니 그렇게 미워하지 말고 내가 할 고생을 그대가 한다 하고 마음을 돌려 대하게 되면 전체가 다 평화로운 낙원으로 변해 갈 것이요, 그때에는 내 말이 옳다 생각되어 당신은 무상락을 누리게 될 것이니 그리 해 보시오."

하시는 법설을 듣고 그대로 마음 고칠 것을 종사님께 다짐했습니다.

그리고 수일 후 평양에 가서 보니 내가 오는 것을 보고 그 남자는 혼비백산 도망치는 것이 아닙니까. 내가 찾아가 위무하고 "그 간은 내가 다 잘못했으니 그리 알고 자녀들도 착실히 기르고 안심하고 살라" 하면서 어린애들도 업어 주고 여러 날 머물렀습니다.

　그랬더니 내 자신 마음도 편안하고 그 사람들도 안심하여 그 연유를 물어왔습니다. 난 종사님께 교화를 받았다고 하였더니 그들도 총부에까지 다녀가게 되었습니다. 그래서 그들도 독실히 신봉하게 되었고 현재도 매월 남자가 30원, 여자는 생활비를 절약하여 5원을 보태어 35원씩을 꼭 보내왔습니다.

　나는 태평하게 이 총부에서 좋은 말씀이나 듣고 내 자신 분에 넘치는 생활을 하고 있습니다. (수필 김형오, 원불교신문 107호) -

모든 것이 종사님 은혜

이춘원

　춘원은 이전부터 농업으로 생활하는 고로 집안 한편에 오줌 구덩이 하나를 크게 파 놓았습니다. 하루는 오줌간으로부터 툼벙툼벙하는 소리가 들임으로 달려가 보니 적지 않은 남성이(남생이)[20] 한 마리가 빠져서 이리저리 헤매며 눈을 까막까막 하며 사람을 보고 구해 달라는 애원을 하는 듯합니다. 이것을 본 춘원은 급한 마음에 오줌박과 지난 신문으로 건져내어 놓고 맑은 물을 떠다가 씻어 주었더니 남성이는 비로소 살 길을 얻어서 그러한지 한참 조용히 엎드려 있다가 다시 안전한 곳을 찾은 듯이 온 마당을 떠벅떠벅 기어 다닙니다. 그래 집안사람과 이웃 사람들이 구경삼아 보다가 말하되 이것이 고기가 맛이 좋으니 삶아 먹으라 하기에 춘원과 며느리 진심화(眞心華)는 깜짝 놀라며 연고 없이 살생 말라는 계명을 생각하여 바로 담아다가 낙동강으로 놓아 주려 할 차에 이웃 사람 하나가 급히 와서 병고에 쓴다고 달라고 합니다. 춘원은 생각하니 그 사

---

20) 남생이 : 거북과 비슷하며 냇가나 연못에 사는 것으로 모래에 구멍을 파고 알을 낳는다. 남성이는 부산지방 방언이다.

람이 그리 급한 병이 없는데 이것을 뺏어다가 잡아먹을 꾀로 하는 말인 줄 알고 기어이 달라는 것을 거절하고 낙동강에 가서 물에 넣었더니 남성이는 물 속으로 헤엄을 치고 들어갔다가 다시 물위로 머리를 내여 놓고 감사의 예를 주는 듯하였습니다. 춘원은 답례의 말로 남성아! 잘 가거라. 이것이 나의 은덕이 아니라 모두 우리 종사님 은혜다. 우리 종사님 은덕은 시방세계 어느 사람 어느 중생에게 안 미친 곳이 없다. 너도 우리 종사님을 향하여 감사를 표하여라. 남성이는 알았다는 듯이 다시 물위로 머리를 내놓고 서편을 향하야 굽석굽석 하며 떠나갑니다. 그런데 이웃 사람은 뒤쫓아와서 기어이 잡으려고 물에 들어가서 찾아보다가 잡지 못하고 돌아갔습니다. 춘원은 생각하되 저 사람은 무슨 꾀로든지 살생을 하려고 하는데 춘원은 어찌하여 살생 안 할 마음을 가졌는고. 그것은 의심할 것도 없이 나도 전에는 저 사람과 다름없이 살생을 좋아하는 사람이 아닌가. 그러나 춘원은 우리 종사님 법을 배워 아는 연고요, 저 사람은 아직 우리 종사님의 법을 믿지 못한 소치다. 이 천치(天痴) 중에도 왕천치인 춘원으로서 이 자비심을 쓰게 된 것은 곧 불심을 얻은 것이다. 이 마음으로 미루어 모든 착한 마음을 행하면 부처와 무엇이 다르리오. 천치인 춘원이가 부처 될 일을 생각하면 어찌나 즐거움이 나든지 이 즐거운 마음을 이기지 못하여 입에서 나오는 대로 노래를 불렀습니다.

一   어둡고 미련한 춘원이 속에
　　　밝고도 자비한 불심이 드니
　　　이것이 모두 다 종사님 은혜

二   똥 끓는 지옥을 벗어 나가서
     물 좋은 낙동강 남성이 신세
     이것이 모두가 종사님 은혜

三   번뇌와 고해를 해탈하고서
     온전한 극락원에 춘원의 신세
     이것이 모두 다 종사님 은혜

四   집안이나 마을이나 가는 곳마다
     착한 말 착한 행실 웃음의 꽃
     이것이 모두 다 종사님 은혜

五   사은을 알아서 보은해 갈 제
     사은께서 모두 다 즐겨하시니
     이것이 모두 다 종사님 은혜

　　　　　　이춘원은 부산 하단에서 태어나 이타원 장적조가 부산에 처음 교화를 시작할 때인 원기16년에 70세의 나이로 입교하였다.
　그는 법회는 물론 정기훈련에도 빠지지 않았다.
　원기 19년 11월 3일(음 9.26) 하단지부 예회에서 감상담을 발표한 것을 삼산 김기천 교무가 수필하여 원기 20년 1월호인 〈회보〉 제14호에 소개하였다.

이춘원이 감상담을 발표했던 원기 19년 11월 3일 하단지부 예회록에 의하면,

― 본 일은 본소 제115회의 예회요 겸하여 추계기념일이다. 양혜성씨 사회로 출석원을 점명하니 합 34인이러라. 오전 11시에 기념식을 거행하고 음식을 분식하다.

다음은 후(오후) 3시에 속회하고 이성주화, 이춘원 양씨의 감상담과 김영신(남부민지부 교무)씨의 자유제의 강연이 잇었든바 그 적절한 웅변에는 모다 감탄하얏으며 태조사를 마치고 폐회하니 동 5시러라. ― 하였다.

물질이 발명된 것을 보고

이영희

　새가 아니면 날아다닐 수 없는 공중도 지금은 비행기가 발명되어 사람이 수만리 창공도 날아 다닐 수 있고 한 집안에서도 처소가 다르고 보면 서로 물어도 대답하지 못하는 것인데 지금은 전화가 발명되어 몇천 리 몇만 리 밖에서라도 서로 이야기도 하고 풍류(風流)도 들을 수가 있고 그 사람을 대면하지 않으면 들어 볼 수 없던 음악도 지금은 축음기가 발명되어 언제든지 그 음악을 듣게 되고 관솔이나 깨기름이 아니면 밝힐 수 없던 불도 지금은 가스등과 전등이 발명되어 한 밤중의 인간세계도 대낮같이 밝히고 살 수가 있고 기타 들판으로 달리는 기차, 물위를 가는 배, 그 외에도 한 입으로 말할 수 없는 각종 물품이며 그 사용하는 방법 등이 옛적에 듣지 못한 조화적이요 신명세계(神明世界)라 할 수 있습니다. 그런데 우리 인간 생활은 모든 물건이 발명될수록 더욱 복잡하고 곤란하여 가정 사회를 물론하고 평화의 기분(氣分)이 없이 서로 다투고 서로 헤어지고 도탄의 생활로 들어가는 것은 왠일입니까? 그것은 다름이 아니라 저렇게 편리하고 좋은 물건이 발명되는 머리에 자연 욕심이 생겨서 그것을 만족하게 구할 생각이 날 것이요, 그것을 만족하게 구하자면 금전(金錢)을 요구할 것이요, 금전을 요구하자면 자연 예의염치와 도덕을 잊어버리고 근본적 정신이 매몰되어 오직 황금에 끌리는 대로 동포를 해롭게 한다, 도적질을 한다, 부모 형제간에 서로 다툰다 하여 필경 물건의 노예생활로 파란고해에 빠지게 됩니다. 그런데 우리는 불행 중 다행이라 할까 우리 대성종사님 도덕의 바람이 우리 부산에도 불어와서 우매한 우리까지 도학을 배우게 되었으니 이 얼마나 감사할 일입니까. 과연 이 도학이 아니면 정신을 밝히지 못하여 물건의 노예생활을 면치 못할 것이 사실입니다. 물건이란 우리 인생의 사용물인데 물건의 종노릇 하는 것은 그 얼마나 어리석은 일입니까. 제 아무리 물건의 세력이 크다 할지라도 우리 사람의 정신 속에서 나온 것이 아닙니까? 그러나 도학에 눈이 열리지 못한 사람들은 우선 그 세력과 현상의 호기심에 눈이 어두워서 참으로 현묘하고도 웅대한 정신의 세력을 모르고 물건에게 항복을 하였지만은 만일 도를 닦아 도의 눈이 열리고 덕행이 나타난다면 우리의 생활은 편안하고 즐거울 줄 압니다. 영희는 초학자로 자상히 알지는 못하오나 사람이 만일 도를 닦아 물욕을 제거하고 자유적 정신을 얻고 보면 아무리 좋은 물건이라도 각자 처지에 부당하면 구하지 아니하고 예가 아니면 사용치 아니하여 오직 물건의 세력을 항복받아 버리면 원만하고 진정한 도덕적 정신을 얻어서 비행기로도 구경할 수 없는 33천(天)[21]을 임의로 왕래할 수도 있고 배로도 건널 수 없던 삼악도(三惡塗) 고해라도 건너 갈 수가 있고 황

---

21) 33천(三十三天) : 불교 세계관의 하나로 도리천을 달리 이르는 말. 중앙에 제석천이 있고 그 사방에 8천이 있어 합하여 33천이 된다.

금으로도 건설하지 못할 극락천국을 건설할 수도 있고 가스불과 전등불로도 밝히지 못할 천만사리의 내막을 역력히 밝힐 수 있고 대포와 살인광선(殺人光線) 등으로도 정복하지 못할 팔만사천의 한없는 마군이를 정복할 수도 있어서 우리 인생생활에 더할 수 없는 복리를 주는 동시에 저 삼라만상의 모든 문명을 복락으로 수용할 것이니 우리는 죽기로써 맹세하여 이 공부에 열성으로 노력하여야 될 줄로 생각합니다.

　　　　　　　　　　　●

　　　　이영희가 원기 20년 1월 10일 하단지부 예회에서 감상담을 발표한 것을 삼산 김기천 교무가 수필하여 원기 20년 1월호인 〈회보〉 제14호에 소개하였다.

　이영희가 감상담을 발표할 당시 하단지부 예회록에 의하면,
　─ 1월 10일 본 일은 본 지부 제123회의 예회이다.
　오전 11시에 김준양씨의 사회로 개회하고 예행 순서를 마친 후 김기천씨의 회보 소개가 잇엇고 휴회하다.
　오후 3시에 속회하야 김지영화, 이영희 제씨의 감상담이 있었고 교무선생의 강도(講道)로 폐회하다. ─라 하였다.

마령회관 우물을 본 나의 감상

서인숙

　저는 지나간(원기 19년) 여름 유월 육일 예회를 마치고 갈증이 심하여 회관(마령지부) 우물로 가서 물을 마시게 되었습니다. 물을 마시면서 본즉 그 주위가 어떻게도 깨끗하고 물맛이 신선한지 정신이 매우 상쾌하여짐을 느끼는 동시에 문득 옛 일이 번개같이 생각났습니다. 그것은 다름이 아니라 지금으로부터 7년 전 어느 여름날에 저는 세탁을 하려고 이곳에 왔던 일이 있었는데 그때는 우리 회관이 건설되지 아니하고 영당평(靈堂坪)[22] 이라는 황량한 빈터였고 따라서 이 우물도 보잘것이 없었습니다. 더욱이 이 근처에는 울타리 밑에 잡초가 제멋대로 무성하여 우물 전부를 거의 덮었고 또한 짐승을 도살(屠殺)한 흔적이 여기저기 있었으며 이상한 악취가 독하여 코를 찔러 견딜 수 없었습니다. 그래서 저는 가져왔던 세탁물을 도로 가지고 돌아가 버린 일이 있었습니다. 그런데 7년을 지난 오늘에 와서는 이곳에 우리 회관이 생기는 머리에 이 우물도 이와 같이 깨끗하게 고쳐 만들어 수량도 풍족하며 또한 물맛도 좋아서

---

22) 영당평(靈堂坪) : 신을 모시는 사당.

회관 외에도 5~6 인가의 식수까지 공급하게 되었습니다. 이것을 미루어 볼진댄 마음이 있는 사람도 인도의 떳떳한 교육을 받지 못하고 한갓 물욕에 탐착하여 자행자지로 세상을 산다면 모든 사람의 환영을 받지 못하고 배척을 받을 것은 사실입니다. 저로 말씀하더라도 이름이 사람이지 교육을 받지 못한 머리에 무식하고 우치하기가 마치 과거에 이 영평당 우물과 같아서 아무 데도 쓸 곳이 없었습니다. 그러나 이제는 대성인이신 종사님을 모시게 되었고 인생의 요도와 공부의 요도를 배워가며 예횟날마다 교무 선생님의 법문을 듣고 삼십 계문을 지키는 머리에 오욕의 더러운 때는 차차 씻어 버리고 그 반면에 사람 노릇 하는 법을 배워 사회에 유용한 인물이 된다면 이 영당평 우물이 우리 회관을 만나 좋은 우물이 되어 가지고 우리의 환영을 받듯이 나도 또한 이 우물과 같이 환영받는 사람이 될 줄로 알았습니다.

　　　　　서인숙은 원기 18년 마령지부 팔산 김광선 교무의 지도로 입교하였다. 신성이 독실하여 예회에 빠짐없이 참석하며 교당 유지와 응접에도 정성을 다하였다. 그는 딸인 송원철에게 전무출신을 권장하여 후원하였다.

　서인숙이 원기 19년 음 6월 6일 마령지부 예회를 마치고 회관 우물을 본 감상을 언제 발표한 것인지는 정확히 알 수 없다. 마령지부 예회록에서 예회 때 감상담을 몇 사람씩 하였음을 알 수 있으나 감상담 발표자의 이름은 특별한 경우를 제외하고는 기록하지 않았다.

마령지부 예회는 김광선 교무의 지도와 송일환 등 교도들의 사회로 진행되었다.

서인숙의 감상담도 예회 사회를 본 송일환이 수필하여 원기 20년 2,3월호인 〈회보〉 제15호에 소개하였다.

명산(明山) 송일환은 원기 14년 전무출신을 발원하였으나 가정형편으로 뜻을 이루지 못하다가 마령에 회관(출장소)이 설립될 때 적극적으로 협력하고 유지답을 희사하며 한결같은 신성으로 마령지부장의 직책을 맞아 김광선 교무를 보필하였다.

송일환은 그의 나이 51세인 원기 37년에 출가를 단행하였다.

수도자일수록 폐물 이용에 힘쓰자

송혜랑화

　때는 9월 망간(보름)이었습니다. 어느 날 몇몇 동지와 길동무하여 본지 남악(南岳)이란 곳에 있는 저수지로 소풍을 가게 되었습니다. 때마침 먼 산에 곱게 물들인 단풍잎은 때 아닌 꽃밭을 이루어 있고 사방에서 들려오는 벌레 소리는 자연의 음악을 노래하는 듯하고 저수지의 맑은 물은 푸른 하늘이 반영되어 검푸른 빛을 띠어 있고 그 아래 수만 평 넓은 들에는 누런 나락이 그득하여 때때로 불어오는 가는(약한) 바람에 넘실거리는 금물결이 그칠 줄 모르고 일어납니다. 저는 이 대자연의 경치 속에 취하여 아무런 줄을 모르고 있다가 이 저수지의 생겨난 원인을 생각할 때 문득 세상에 사람이 살아갈 때 아무리 낮은 물건을 만난다 하더라도 단번에 못 쓸 것이라 하여 버릴 것이 아니라 어떠한 방면으로든지 그 사용 방법을 연구하여야 할 것이요 더욱이 수도하는 우리 입장에서는 반드시 그리하여야 되겠다는 생각이 났습니다. 다름이 아니라 이 남악의 들은 본래 물이 적어서 아무리 애를 써서 농사를 짓는다 하더라도 비가 조금만 때를 어기면 그만 헛농사를 짓게 되는 곳으로 수만 평 옥토가 수원의 부족함으로 인하여 가치를 잃게 되었는지라 이 땅을 사고자 하는 사람도 별로 없고 또는 농사를 짓는 소작인도 그리 귀하게 알지 아니 하였습니다. 그리하였는데 본 지방 유지 몇 분은 여러 해 동안을 두고 어찌하여야만 이 많은 토지를 수원이 풍부한 좋은 땅을 만들어 폐물 이용을 하여 볼까? 백방으로 연구한 결과에 제일 높은 곳에 저수지 방죽을 파 놓으면 그 아래 있는 수만 평 논을 구원하여 좋은 토지로 만들 것을 각성하고 방죽을 파기로 결정하였는데 속 모르는 사람들은 공연한 짓이라고 비평 조소까지 하였음에도 불구하고 많은 날짜와 무수한 금전과 허다한 정력을 허비한 결과 오늘날 방죽이 완성되어 이상과 같이 수만 평의 옥답을 이루게 되었습니다. 이것을 볼 때 이상과 같이 폐물이라도 버릴 것이 아니라 반드시 그 이용법을 연구하여야 되겠다는 생각이 나는 동시에 한 걸음 나아가 수도하는 우리로서 중생 제도 사업을 할 때에도 반드시 이 법을 써야겠다고 생각했습니다. 보통 중생들을 놓고 보면 사람으로서 갖추어야 할 상당한 자격을 갖춘 사람이 어디 그리 많습니까? 대부분은 오욕의 몹쓸 습관에 굳게 물들어져서 성인군자의 안목으로 본다면 마치 저 남악의 들과 같이 거개가 폐물이 되었다고 하여도 과언이 아닐 만큼 되었는데 그러한 중생을 제도코자 할 때에 이 폐물 이용의 방법을 쓰지 아니하고 너는 좋은 사람이니까 제도한다. 너는 낮은 사람이니까 버린다 하여 못 쓸 사람이라고 손도 대어 보지 아니하고 영영 버리게 된다면 그를 어찌 중생제도의 목적을 행하는 것이라 하며 그러고서야 우리 종사님의 자비하신 도덕으로 널리 교화할 수가 있겠습니까. 그러하니 중생제도의 중대한 의무를 앞에 놓고 수도하여 가는 우리는 아무리 낮은 사람이나 못 쓸 사람이 당한다 하더라도 내 힘과 내 정성대로 하다하다 못하면 어찌 할 수 없으련만 할 수 있는 데까지는 좋은 사람을 만들도록 힘을 다하여서 폐물 이용의 방법을 놓지 아니 하여야 되겠습니다. 그리하면 아무 감각 없는 남악의 땅, 더욱이 나쁘기로 유명하던 그 땅도 몇몇 사람들의 폐물 이용 정신이 뭉쳐져 좋은 양전옥토(良田沃土:양전옥답)[23]로 화하였거든 하물며 각성 있고 영장스러운 사람으로서야 그와 같은 교화의 정성이 지극할 때 어찌 감화를 받지 아니 하오리이까? 천품적으로 악독한 인생 외에는 당연히 기질 변화가 되리라고 생각합니다. 그러하오니 수도하는 우리로서는 항상 이 폐물 이용의 정신을 놓지 말고 우리 종사님의 자비하신 도덕을 일체 중생에게 널리 전하여야 하리라고 생각하였습니다.

●

　　　　　난타원(難陀圓) 송혜랑화는 원기 11년 삼타원 최도화의 인도로 입교하여 마령지부 사업에 물심양면으로 추호도 아낌없이 바쳤고, 마령지부 유지며 손님 접객에 솔선수범하였다.

　송혜랑화가 원기 19년 보름에 남악 저수지를 소풍갔다가 느낀 감상을 마령지부 예회에서 언제 발표했는지는 마령지부 예회록에 감상담 발표자의 이름을 밝히지 않아 알 수 없다.

　송혜랑화의 감상담을 마령지부 예회 사회를 보았던 서기원이 수필하여 원기 20년 2,3월호인 〈회보〉 제15호에 소개하였다.

---

23) 양전옥답(良田沃畓) : 기름진 논과 밭.

제비 새끼의 죽음을 본 나의 감상

박혜련화

　지난해(원기 19년) 여름에 저의 집 마루 처마 끝에는 제비가 집을 짓고 새끼 다섯 마리를 나서 키웠었습니다. 한 이십일이 지난즉 그 새끼들은 날마다 날기를 공부하였습니다. 어느 날은 유심히 그 제비들의 거동을 살펴본즉 어미 제비는 먹을 것을 구하러 나가 버리고 새끼들만 있었는데 한 마리가 날아서 지붕 위로 오르니까 그 다음은 계속해서 한 마리씩 한 마리씩 날아서 네 마리는 염려 없이 어디로 다 날아가 버렸습니다. 그런즉 남은 한 마리도 날개를 벌리고 앞의 놈들을 따라가려고 날으다가 그만 땅에 떨어져서 한참 버둥거리다가 죽어 버렸습니다. 저는 하도 불쌍하여 곧 내려가서 주어들고 본즉 그 제비 새끼는 아직 깃도 다 나지 못한 것이 남이 날으니까 저도 날 것만 같아서 날으려다가 그만 기운이 딸리어 그와 같이 참혹하게 떨어져 죽게 된 것이었습니다. 그래서 저는 그 제비 새끼의 죽음을 보고 한 생각이 났습니다. 그것은 다름이 아니라 이 제비 새끼도 나르는 연습을 충분히 하여 만리장공(萬里長空)[24] 이라도 능

---

[24] 만리장공(萬里長空) : 구만리장공(九萬里長空) = 구만리장천(九萬里長天) ; 아득히 높고 먼 하늘.

히 날을 만한 준비가 있었다면 이러한 참사(慘死)[25]를 아니 당하였을 것인데 그러한 준비는 하지 못하고 남의 나는 것만 보고 저도 날으려다가 생명까지 잃어버리게 되지 않았는가. 그러면 어찌 이 제비뿐이리요. 우리 사람들도 또한 그와 같아서 이 파란중첩(波瀾重疊)[26] 한 세상을 살아가기로 하면 반드시 사람 노릇하는 그만한 준비가 있어야 할 것이니 만일 아무런 준비도 없이 준비 있게 사는 다른 사람과 같이 살아간다면 어찌 실패와 불행이 없으리요. 실패와 불행이 있는 날에는 이 제비새끼의 신세와 다를 것이 없을 것입니다. 그러면 저도 저 참사한 제비새끼의 신세를 면하고 사람다운 생활을 하며 그 가치를 드러내기로 말하면 사람으로서 할 일과 아니할 일을 알아서 그대로 실행하여야 할 것이니 재래(在來)와 같은 몽중(夢中꿈속) 생활을 하여서는 아니 되겠다. 그러면 어느 틈에라도 우리 종사님께서 발명하옵신 교과서를 익히고 삼십계문을 범하지 말며 예횟날에도 빠지지 말고 회관에 가서 교무 선생님의 법문을 자주 들어 준비 있게 사는 사람이 되어야 하겠다는 생각이 났습니다.

낭타원(朗陀圓) 박혜련화가 언제 감상담을 하였는지는 마령지부 예회록에 감상담 발표자의 이름을 밝히지 않아 알 수 없다.

---

25) 참사(慘死) : 비참하게 죽음.
26) 파란중첩(波瀾重疊) : 일의 진행에 있어 변화와 난관이 많음.

마령지부 팔산 김광선 교무의 수필로 원기 20년 4월호인 〈회보〉 제16호에 소개되었다.

박혜련화에 대하여는 〈회보〉 제12호에 발표된 「마음 놓고 뛰는 송아지를 본 나의 감상」편에 소개하였다.

〈회보〉 제16호에는 박혜련화의 감상문 외에도 김영신의 「남을 제도하려면 부루나존자의 본을 받자」, 이철옥의 「처음으로 선방에 들어 앉은 나의 느낌」, 김경조의 「고서를 듣다가 얻은 감상」, 김만공월의 「보따리를 지고 가는 나의 땀과 구루마를 끌고 가는 저 사람의 땀」 등의 감상문과 신원요, 김기천, 이공주, 김형오, 김영신, 이완철 등의 많은 시(詩)가 발표되었다.

처음으로 선방에 들어앉은 나의 느낌

이철옥

　칠십 늙은이가 책보를 끼고 공부하려고 학교에 왔다면 누구나 망녕났다고도 할 것이오, 혹은 웃음거리의 재료로 삼으실 것 같습니다. 그러나 저로서는 십여 년간 원하고 바라던 소원을 성취하고 보니 그 누가 무엇이라고 흉을 본다 하더라도 거기에 관계치 않고 오직 마음 깊이 기쁠 뿐입니다. 저는 본래 불행한 운명의 소유자로서 젊어서부터 중첩(重疊;거듭)한 파란(波瀾)과 간신(肝腎)[27] 한 풍상(風霜)[28]을 겪으면서 한 많은 생활을 하여 왔습니다. 그러므로 한번 남과 같이 잘 살아 보기를 원하였더니 지나간 을축년(원기 10년)에 우리 대성 종사님을 뵈온 후부터는 저의 발원에 일대 변동이 생겼습니다. 다름이 아니오라 철옥이 비록 늙고 무식하고 무산(無産)하나마 어찌 오욕 세계에서 죄악만 짓다가 악도로 가리요. 나도 한번 전만고(前萬古) 후만고(後萬古)에 만나기 어려운 대도덕 회상에 참예하였을 때에 시기를 놓치지 말고 이 공부를 한번 잘하여 자신을

---

27) 간신(肝腎) : 1. 간장과 신장을 아울러 이르는 말. 2. '마음'을 비유적으로 이르는 말.
28) 풍상(風霜) : 1. 바람과 서리를 아울러 이르는 말. 2. 많이 겪은 어려움과 고생을 비유적으로 이르는 말.

제도하는 동시에 나만 못한 이를 제도하여 보리라 하는 생각이 난 것이었습니다. 한번 그렇게 마음을 정한 후부터는 아주 큰 집에서 호의호식하는 것도 한 조각 뜬구름같이 보이고 인간의 영화도 하루 아침 풀끝에 이슬같이 보이며 다만 전문적으로 입선공부(정기훈련)하기만이 하늘에 사무치는 소원이었습니다. 그러나 철옥의 주위에는 세상살이의 철망이 더욱 더욱 얽히어 전문 공부는 고사하고 매월 예회에도 꼭꼭 참예하기가 어렵게 되었고 소위 경성지부 창립주라는 인물로서 소액의 유지비도 내지 못할 때가 있었습니다. 그런 때에 그 마음을 그 누구에게 하소연하오리까. 서산에 해지는 것 같은 늙은 육신을 가지고 그날그날을 보낼 때에 신세 한탄도 많이 하였으며 세상도 많이 저주하였습니다. 그러다가 금년에는 모든 사정과 환경을 파탈(擺脫)하고 분연히 우리 교과서를 책보에 싸서 들고 십년 동안 벼르던 선방에 와서 입선객이라는 이름을 듣게 되니 대각 성불은 제2 문제로 두고 우선 기쁨이 옛적 석가여래께서 유성출가한 것 만큼이나 상쾌한 느낌이 나는 동시에 나도 모르게 더운 눈물은 눈에 넘쳐흘러 쪼그라진 뺨을 적십니다. 이 눈물은 원망도 아니요 한탄도 아니요 오직 감격의 눈물입니다. 그러나 늙고 무식하니 우리 종사님의 대법을 각득할 수 있겠습니까? 갈 길이나 알고 갔다가 다녀와서 종사주의 은혜는 갚으려고 예산하였습니다. 청년 회우 여러분은 이 기회를 잃지 마시고 정진 노력하시어 철옥이 같이 만년에 한탄이 없도록 공부 잘하시기를 부탁하고 이만 줄이겠습니다.

선타원(仙陀圓) 이철옥은 63세 되던 원기 10년 이정원의 인도로 입교하여 경성출장소(창신동 회관) 창립주의 한 사람으로 신심이 독실하였다.

이철옥은 원기 19년 경성출장소(돈암동 회관) 제3회 정기훈련 즉 갑술동선(음 11.6~)에 입선 훈련하였다.

〈회보〉 제14호 경성지부 상황란에 의하면 갑술동선 상황을 "본원은 하선 해제를 마친 후 3개월 동안 적막을 지키고 있더니 금월(음11월) 6일부터 결제가 되야 단란 융화한 강도량(講道場)을 이루웠읍니다. 처음에는 5~6인으로 시작된 선원이 날로 한사람 두사람씩 불어나는 현세를 보면 미래에는 대성황을 이룰 것을 예상하고 있읍니다" 라고 소개하였다.

경성지부 동선기간 중 원기 20년 1월 30일 환세기념식에서 이철옥이 감상담을 하였다.

경성지부 예회록에 의하면,

- 1월 30일, 본일은 본회 4기념 중 환세기념일이다. 오전 11시에 일반 동지의 참석하에 경건히 환세기념식을 거행하고 휴회하다.

오후 2시반에 지환선, 이정원, 이철옥 3인의 감상담이 있은 후 동 4시경에 폐회하다. - 하였다.

이철옥의 감상담은 응산 이완철 교무의 수필로 원기 20년 4월호인 〈회보〉 제16호에 소개되었다.

보따리를 지고 가는 나의 땀과
구루마를 끌고 가는 저 사람의 땀

김만공월

 그 어느 날 밤 회화 시간을 이용하여 김만공월씨께서 한 감상을 발표하니 대요는 다음과 같습니다.

 '저는 어느 날 보따리를 등에 지고 끝죽 같은 땀을 흘리고 힘든 것을 견디어 가며 걸음걸음 동리를 향해 가는 중이었습니다. 때마침 뒤를 돌아보니 한 사람이 다 떨어진 검은 옷으로 살만 가리고 구루마(수레)를 끌고 헐떡헐떡 하며 구슬같은 땀을 소낙비같이 흘리고 삐윽삐윽 오고 있었습니다. 저는 그 사람의 형상을 보고 한 감상이 났습니다.

 다름이 아니라 저 사람은 무슨 일로 저렇게 헐벗고 저 땀을 흘리고 저 고생을 하며 나는 무슨 일로 이 땀을 흘리고 이 고생을 하는고 하고 생각해 보았습니다. 생각해 본즉 저 사람은 저와 같이 땀을 흘리고 고생을 하는 것이 단 한 푼 벌이라도 하여 자기 입과 밑에 딸린 식구 몇 사람을 먹여 살리기 위한 것이요 나는 이 고생을 하고 이 땀을 흘리는 것이 내 몸과 내 집안 하나를 위한 것이 아니라 적어도 시방세계 일체중생을 위해서 하는 일이라고 생각하였습니다. 따라서 이 두 땀의 가치를 비교해 본즉 땀은 비록 같은 땀일지라도 저 사람이 흘리는 땀보다 내가 흘리는 땀이 비할 수 없고 헤아릴 수 없는 몇천만 배 이상의 가치가 있는 땀인 줄로 알았습니다. 뜻하지 않게 저 사람의 처지와 나의 처지를 놓고 곰곰이 생각하여 본즉 실로 재미가 나며 무겁던 보따리가 어쩐 줄 모르게 가벼워지고 팍팍하던 다리가 팽동팽동하여(가벼워)지며 구부러졌던 허리가 펴지고 헐떡거리던 숨이 가라앉으며 같은 땀을 흘릴진대 남을 위하는 땀을 흘려야 되겠다. 남을 위하여 땀을 흘릴진대 단 한 방울이라도 남보다 많이 흘려야 하겠다. 이런 일 저런 일이 모두 생각나서 우쭐거리고 춤이라도 한번 추고 싶었습니다.'라고 말을 마치니 종사님께서 성안을 들어보시며 말씀하시기를 '참 알뜰한 동지로다. 늙은 몸에 그 무거운 보따리를 지고 우주를 집 삼고 다니면서 그 중에서 낙을 발견하여 진진(津津)[29] 한 낙도를 하니 서로 본받을 만하도다. 더구나 이 세상 사람들은 누구나 다 내 몸 내 부모 내 처자를 위하여 땀을 흘리는 자는 많이 있으나. 자기와 직접 관계가 없는 다른 사람의 부모나 자녀를 위하여 땀을 흘리려 하는 자는 심히 희귀하거늘 만공월의 처지에 있어서 그런 생각을 하였다 하니 장래 결과는 하여간에 참 기특한 일' 이라고 크게 칭찬을 하셨습니다. 과연 만공월씨로 말하면 몇 년 전에 꽃다운 청춘의 외아들을 잃고도 조금도 낙망함이 없이 나이가 많은데 보따리 장사를 하여 근근이 모은 푼전으로써 다른 사람을 위하여 노력하는데 재미를 붙여 지내신다 하니 이분의 말씀은 비록 간단하고 하기 쉬운 말 같으나 그 중에 대단히 심중한 의미가 들어 있다고 생각합니다. 그런즉 우리 동지 중에 이

---

29) 진진(津津) : 입에 착착 달라붙을 정도로 맛이 좋다.

보다 나은 처지에 있다든지 유망한 장래를 가진 청년의 처지에 있어서는 참으로 같은 땀 중에도 남을 위하는 땀과 까닭 있는 땀을 흘러야 할 것이며 고(苦) 중에서 도락(樂)을 발견하여 당하는 대로 낙생활을 하여야 할 줄로 생각하였습니다.

●

우타원(遇陀圓) 김만공월은 그의 나이 58세 때인 원기 9년에 삼타원 최도화의 인도로 입교하였다.

총부가 있는 북일면 신룡리에 살면서 보따리 행상을 하며 생활하였으나 신심이 독실하여 적극적으로 활동하였다.

그는 원기 18년 총부 제17회 정기훈련 즉 계유동선(음 11.6~2.6)에 입선하였다.

어느 날 밤, 선방에서 소태산 대종사를 모시고 선원들의 감상담 시간에 김만공월이 감상담을 하자 소태산 대종사 김만공월에 대하여 "참 알뜰한 동지다." 라며 칭찬하였다.

동선에 함께 입선했던 승산 김형오가 김만공월의 감상담과 소태산 대종사의 말씀을 받들고 수필한 후 자신의 감상을 덧붙여 원기 20년 4월호인 〈회보〉 제16호에 소개하였다.

원(願)이 없는 자는 마른 나무와 같다

김기천

　기천은 이번에 영광 영산원에서 몇 일간 휴양하게 되었던 바 때마침 봄이라 온화한 바람이 불고 단비가 와서 영산원 주위에는 복성꽃(복숭아꽃)이 만발하고 선진포에서 돌아오는 돛대는 옛날 무릉도원을 찾아드는 어부의 소식을 전한다. 하루는 지팡이를 끌고 도원(桃園)에 들어가 이리저리 배회하며 꽃구경을 하다가 마침 한 곳을 바라보니 복성나무 하나가 꽃이 피지 않고 있다. 기천은 괴이히 여겨 가까이 가본 즉 무슨 연고인지 나무가 영영 말라죽어 버렸었다. 이것을 볼 때 문득 한 생각이 나되 아 봄기운이 만산천야(萬山千野)에 미치지 않는 곳이 없건마는 이 마른 나무에는 미치지 못하였구나. 수많은 복성나무가 다 봄기운을 받아 저와 같이 번영을 자랑하거늘 이 마른 나무 하나만은 쓸쓸하게도 등걸[30]만 서있구나 어찌 이 나무뿐이리요. 사람도 또한 이와 같은 자가 수 없이 많다. 그러면 어떠한 사람을 일러 저 마른 나무와 같다 할까. 그는 즉 성인의 덕화를 입지 못하는 자를 일음이니 아무리 사(邪)가 없이 만물

---

30) 등걸 : 줄기를 잘라 낸 나무.

을 살려내는 봄바람일지라도 저 마른 나무에는 그 기운이 미치지 못 하는 것과 같이 성인의 덕화가 아무리 널리 미치고 우리의 생명수(生命水)라 할지라도 우리 중생이 원(願)이 없어서 그 교화를 받지 않는 자에게는 그 덕화가 미치지 못할 것은 사실이 아닌가. 그러므로 옛글에 말하기를 「태양이 어느 곳을 비치고자 아니하지마는 가장 높은 봉우리를 먼저 비춰 주고 성인의 마음이 어느 사람을 제도코자 않 하리요마는 지극한 원이 있는 사람을 먼저 제도하여 준다」 하였으니 사람의 원이 비록 그 종류가 많으나 같은 원 중에도 예로부터 성인이 말씀한 도학에 원을 세워 그 교화를 받아야만 우리의 말로(末路)가 저 속절없이 썩어지는 나무가 되지 않고 영원히 광채가 있을 것을 자신한다. 그런즉 우리는 하루 속히 지극한 원을 발하여 저 꽃이 피고 번영을 자랑하는 생기 있는 나무는 될지언정 이제 대성인이 출현하여 온화한 봄바람을 불리는 이 때에 저 홀로 그 기운을 타지 못하고 저 나무와 같이 말라죽는 것은 너무나 애석한 일인가 한다.

　　　　　　삼산 김기천은 원기 17년 하단출장소가 창설되자 초대 교무로 부임하여 부산교화의 기초를 닦았다.

　원기 20년도 총회를 보기 위해 예년보다 일찍 3월 16일에 총부로 왔다 19일에 영광으로 갔다.

　영광(영산)지부에서 학원시간에 강의도 하고 예회에 강연도 하며 천정리 사가에 가서 집안일을 정리하였다.

영광지부 4월 8일 예회에서 김기천은 장시간 회보를 소개하였고, 4월 18일 예회에서는 「진실과 망심(妄心)」이라는 주제로 강연을 하였다.

영광지부는 영산원 주위에 복숭아 나무를 심고 과원을 경영하였었다.

김기천 교무가 과원의 복숭아꽃을 보고 느낀 감상을 원기 20년 5,6월호인 〈회보〉 제17호에 발표하였다. 그 감상담이 김기천이 회보에 발표한 마지막 글이 되었다.

김기천은 총회가 가까워지자 총부로 가 총회를 보고 5월 19일 총부 예회에서 「신성의 결과」에 대한 강연을 하였다. 6월에 근무지인 하단지부로 돌아와 얼마 후 장티푸스로 자리에 누워 8월 9일 열반에 들었다.

김기천의 열반소식을 접한 소태산 대종사는 "기천으로 말하면 원기 3년부터 지금까지 만 18년간을 일호의 사심과 퇴보가 없이 참으로 향내 나는 전무출신을 한 유일무이한 공인이다"라고 하였다.

바람에 궁구는 양철 세면기를 본 나의 감상

오운초

 지나간 어느 날은 석양부터 비가 내리고 바람이 불기 시작하더니 밤이 새도록 그치지 않고 그 다음 날 아침까지 계속하여 비바람이 퍼부었습니다. 그러나 벽상의 시계가 5시를 알리니 우리 마령지부에서는 새벽 종소리를 크게 울리며 인근 촌락에 날 새는 소식을 전하게 되었습니다. 저는 모든 동지들과 선방에 들어가 좌선을 하고 앉은즉 어디서인지 양철통이 궁구는(뒹구는) 소리가 비바람에 섞이어 더욱 요란히 들려 왔습니다. 그러자 두 시간이 지나서 좌선을 끝낸 후에 그 이상한 소리가 나는 곳을 본즉 그것은 다른 것이 아니라 곧 우리 선원들이 매일 사용하는 양철 세면기였습니다. 그 곳에는 같은 세면기 두 개가 놓여 있는데 한 개는 물이 담기어 있음으로 그 강한 바람에도 끄떡을 아니하고 있는데 이놈 한 개는 속이 비어서 엎어져 있음으로 바람이 부는 대로 날려서 궁구를 때마다 그와 같이 요란한 소리를 낸 것이었습니다.
 그것을 본 저는 이러한 감상이 났습니다. 아아, 같은 그릇이지마는 그 속에 물이 담기어 무게가 있는 것은 강렬한 비바람에도 이와 같이 요동하지 아니하고 있는데 그 속이 비어 무게가 없는 것은 비바람 부는 대로 궁굴리어 이와 같이 사방이 찌그러졌구나!

　그러면 이 그릇만 이러 할까? 아니다. 우리 사람도 또한 그와 같아서 속이 있는 사람도 있고 속 없는 사람도 있나니 누구나 정신에 수양력이 온전하여 힘이 있고 보면 모든 경계를 당하여도 흔들리는 바가 없고 모든 일과 이치에 연구력이 많아야 지혜가 밝으며 또는 할 일은 꼭 하고 안 할 일은 꼭 아니하여 실행력이 어느 정도 있는 사람은 속 있는 사람이라고 할 것이요. 그와 반대로 삼대력이 무엇인지도 모르고 자행자지 하는 사람은 속이 없는 사람이라고 할 것이다.

　그러면 이 삼대력 공부를 한 사람은 물 담긴 세면기와 같아서 항상 묵중(默重)[31] 하여 희로애락간 어떠한 경계를 당한다 하더라도 결코 그 경계에 끌리지 아니하고 당연한 일만 할 것이니 따라서 모든 일에 실수가 적을 것이오 그 반면에 삼대력 공부가 없는 사람으로 말하면 이 속 비인 세면기와 같아서 무슨 일에나 경거망동을 하여 조금 좋으면 그 좋은 데에 끌리고 조금 낮으며 그 낮은 데에 끌리어 안정을 얻지 못하고 죄악을 짓게 되어 결국 제 신세를 망하게 하나니 그런다면 비바람에 찌그러진 속빈 세면기와 다를 것이 무엇이랴.

　그러하니 인도 정의를 배우는 우리로 말하면 더욱 각성하여 같은 사람이라면 속빈 사람이 되지 말고 속 있는 사람이 되어야 할 것이요. 속 있는 사람이 되기로 하면 우리 종사님이 내어 놓으신 삼강령 공부를 부지런히 하여 삼대력을 얻어야 되겠다는 생각이 났습니다.

---

31) 묵중(默重) : 말이 아주 적고 무거움.

오운초는 진안 좌포에 살며 원기 13년에 입교하여 낙도생활을 하였다. 그러나 가족들이 정법에 대한 이해가 없어 가족들 제도가 염원이었으나 뜻을 이루지 못했다.

원기 17년부터 마령지부 팔산 김광선 교무가 좌포에 매월 3차례씩 출장예회를 시작하였다. 좌포에는 원기 23년에 정식 출장소가 생겨 송봉환 순교무가 부임하였다.

마령지부에서는 원기 19년에 제1회 정기훈련 즉 갑술동선(? ~ 20년 양 2월 29일)을 하였다.

오운초의 감상문 내용으로 보아 하선 때의 감상이다. 그러나 마령지부에는 갑술동선 이외의 정기훈련에 대한 기록이 회보에서 찾을 수 없다.

좌포에 살면서 어느때 인지는 알 수 없으나 마령지부 선에 입선하여 아침시간에 느낀 감상을 오운초가 발표하자 마령지부 서기원이 수필하여 원기 20년 4,5월호인 〈회보〉 제17호에 소개하였다.

내부(內部)를 충실히 하라

김형오

　저는 어느 날 공부 시간을 마치고 식당 앞을 지나게 되었던 바 때마침 식당 마루에는 깨끗하게 씻어 놓은 무가 보기 좋게 바구니에 담아 있었습니다. 저는 그 무의 몸결이 곱고 깨끗한 데에 팔려 한 개 먹고 싶은 마음에 염치를 불구하고 책임자에게 허가를 얻어 그 중에 제일 몸결 고운 것 한 개를 골라 들고 칼로 한 도막 갈라 본 즉 침을 삼키며 간신히 얻은 무는 불행히도 속이 벌집 격으로 뻥긋뻥긋 비어서 못 먹게 되었습니다. 저는 하도 어이가 없어서 그 무를 구정물통에 넣어 버린 후 책임자에게 여차여차한 사실을 말하고 한 개를 더 청하여 이제는 몸결 고운 것만 가리지 않고 좀 무게가 있는 걸로 골라 한 도막 갈라본즉 다행히도 이 무는 속이 다북 차서 먹음직스럽게 생겨 그 무를 다 먹었습니다.
　맛있는 무를 얻어 먹었으니 그저 입 닦고 돌아가면 그만이겠지마는 우리는 희유(稀有)한 도덕문에 참예하여 신선한 훈련을 받는 처지인지라 일동일정을 어찌 범연히 지내겠습니까. 저는 그때 한 생각이 머리 속에 빙 돌았습니다. 다름이 아니라 저 무는 무라는 존재를 가진 이상 그 용처와 성공은 무엇일까요. 그는 더 말할 것도 없이 외형은 하여튼 뿌리가 굳게 들어 속이 차고 맛이 좋아 사람의 입에 맛있게 먹게 되는 것이 그의 성공이요 용처가 있다 할 것입니다. 그러나 그 반면에 만일 몸결은 곱고 보기에는 좋다 할지라도 속이 비고 맛이 없어서 구정물통에 버리게 되면 이는 용처도 없고 성공도 못하였다 할 것이 아닙니까. 과연 사람도 외모는 잘 났던 못 났던 의복은 잘 꾸몄던 못 꾸몄던 그 내부만 충실하고 지식이 많으면 어디로 가든지 세상이 다 귀애(貴愛)[32] 하고, 쓸모가 많은 인물이라면 저 속이 차고 맛이 좋은 무와 같을 것이요, 만일 속은 텅 비고 별로 쓸모 없는 자가 외모만 그럴 듯하고 의복만 훌륭하게 꾸며 입고 다닌다면 저 구정물통에 버려지는 무나 조금도 다를 것이 없을 것입니다.

 그런즉 무 중에도 같은 무면 속 찬 무가 되어야 할 것이며 사람 중에도 내외가 구비한 사람이 못 될지면 차라리 외형보다는 내실이 있어서 세상에 쓸모가 있는 사람이 되어야 하겠다는 것을 절실히 느꼈습니다. 과연 이 세상은 얼마나 외형만을 주장하는 시대입니까. 아니 얼마나 간사하고 엷은 세상입니까. 대저 이 세상에는 속은 저 구정물통에 버린 무의 속같이 텅 빈 자가 겉으로는 지식·부귀·지위의 모양을 꾸미고 다니는 자 그 수가 얼마입니까. 이는 다 철없는 아이들이 할 일은 될지언정 철든 어른들이 할 일은 아니옵니다. 아니 이것은 세상을 거짓화시키는 악마입니다. 현대를 이름하여 간판시대라 하나니 간판시대가 영원히 계속되는 것은 아닌즉 우리는 이 간판시대의 전환기에 있어서 너무 외형만 무와 같이

---

32) 귀애(貴愛) : 귀엽게 여기고 사랑함.

보기 좋게 꾸미지 말고 안으로 내실이 있고 쓸모가 많은 진인(眞人)이 되어서 같은 무일진대 다 같이 속 차고 맛 있는 무가 한번 되어 봅시다.

　　　　　　　　　　　　●

　　　　　　승산(昇山) 김형오는 영광보통학교를 졸업하고 원기 18년 7월에 총부를 찾아 입교와 동시에 전무출신을 단행하였다. 그는 원기 18년 총부 제17회 정기훈련 즉 계유동선(음 11.6~2.6)에 입선하였다.

　원기 19년 축산 주무로 임명되어 근무하는 관계로 제19회 정기훈련인 갑술동선에는 입선하지 않았던 것으로 보아「내부를 충실하라」의 감상문은 계유동선 기간 중 감상담을 원기 20년 5,6월호인 〈회보〉 제17호에 소개한 것으로 보여진다.

　김형오는 연구부장, 순교를 거쳐 원기 24년부터 감사부장으로 임명되어 명철한 판단력과 지극한 공심으로 활동하여 장래가 기대될 뿐 아니라 소태산 대종사를 가까이에서 보필하였다.

　그러나 원기 27년 가사로 부득이 귀가하였다.

자취(自取)하는 함정

송벽조

　여름날이 점점 더워 옴에 방안에 파리가 번성하여 사람에게 피해가 적지 않는 고로 그것을 금(禁)하기 위하여 파리통을 방 가운데 놓았습니다. 때마침 시간이 조금 지나 유심히 그것을 바라본즉 뭇 파리가 모여들어 그 밥티의 집액을 달게 여겨 다투어 들어가서 배부르게 빨아먹은 후 들어갔던 틈으로 도로 나올 줄을 모르고 그 가운데에서 돌아다니다가 결국에는 그 가운데에서 생명이 죽어짐을 보고 한 감상이 나기를 세상이 대개 그러한 것이다라는 것이었습니다.
　저 미물 곤충인 파리만 그러한 것이 아니라 짐승 중에 영물이요, 산중에 인군이라 이름하는 범(虎)도 저를 잡으려고 장치한 밥을 달게 여기다가 필경은 그 함정에 빠져서 저의 생명을 잃고 강의 신물(神物)이요 인충(鱗蟲)[33]의 어른인 용(龍)도 저를 잡으려는 낚시의 미끼를 달게 여기다가 저의 생명을 잃게 되며 그 외에도 저 스스로 저를 잡으려고 설치한 함정에 빠진다. 자기황(自起磺)[34] 을 문다. 그

---

33) 인충(鱗蟲) : 비늘이 있는 동물의 총칭.
34) 자기황(自起磺) : 화약을 채워 문지르거나 부딪히면 불이 일어나거나 폭발하도록 만들어진 것을 통틀어 이르는 말.

물에 걸린다, 낚시를 문다 하여 제 생명을 잃는 짐승과 고기가 그 수를 가히 거론키 어려울 것이며 한 걸음 나아가 사람의 세계를 본다 하더라도 사람은 삼재(三才)³⁵⁾에 참례하고 만물 중 최령이라는 이름을 가졌지마는 사람이 만일 사리에 분석이 없고 또한 보고 듣는 대로 정신이 이리저리 흔들리며 설사 불의인 줄 알면서도 그를 능히 버리는 실행력이 없이 이 험난한 세상을 살아간다면 이러한 사람은 곧 예 아닌 식물, 예 아닌 색, 예 아니 재물, 분수에 넘치는 명예, 분수 없는 안일(安逸)³⁶⁾을 좋게 여겨서 필경은 그 식물이나 색이나 재물이나 명예나 안일의 함정에 빠져 가패신망(家敗身亡)이 될 것은 사실이니 이와 같이 우선 당장에 하기 좋고 맛 있는 오욕에 팔려 후일 함정에 빠질 줄을 모르고 산다면 이 어찌 제 스스로 먹을 것을 탐하여 함정으로 들어가는 금수 곤충과 다름이 있으리오.

만일 삼대력이 충분한 대인의 안목으로써 이 세상 무지한 중생들이 오욕의 함정에 다투어 들어가는 것을 볼 때에는 오늘날 내가 저 파리통에 다투어 들어가서 스스로 죽게 되는 파리를 보는 것과 조금도 다름이 없을지라. 옛날 부처님께서 이 세상 중생들을 보시고 크게 불쌍히 여기심도 곧 이 때문이라고 생각합니다. 그러나 우리는 우리의 앞길을 잘 지도해 주시는 대성 종사님을 친견하였으니 우리는 앞으로 가일층(加一層)³⁷⁾ 공부를 부지런히하여 사람을 죽이는 저 오욕의 함정에 빠지지 않아야 되겠다고 생각하였습니다.

---

35) 삼재(三才) : 하늘·땅·사람의 셋을 말함.
36) 안일(安逸) : 편안하고 한가로움. 또는 편안함을 누리려는 태도.
37) 가일층(加一層) : 정도 따위가 한층 더함.

구산(久山) 송벽조교무는 원기 20년 팔산 김광선 교무의 후임으로 마령지부에 부임하였다. 부임 직후 여름생활 중 얻은 감상을 원기 20년 7월호인 〈회보〉 제18호에 발표하였다.

송벽조가 4년간 마령지부 교무로 근무할 때다. 원기 24년 가뭄이 대단하여 못자리 때부터 물이 말라 모내기도 하지 못하고 폐농하기에 이르렀다. 송벽조는 일본 천왕이 박덕하여 재난이 발발한 것이므로 연호가 잘못되어(昭和=燒火) 그런 것이니 당장 바꿀 것과 조선총독은 물러날 것을 건의하는 무기명의 글을 일본 천왕 앞으로 보냈다.

조선총독부 경무국에서는 이 투서 사실이 진안에서 보낸 소인(消印)임을 알고 일경은 꾀를 내어 진안군수 명으로 백일장을 열었다. 송벽조는 백일장에 참석하였다가 필적(筆蹟) 감정 결과 불법연구회 마령지부 교무 송인기(본명)라는 사실이 확인되자 일경은 소태산 대종사와 송벽조의 아들인 영광지부장 송규를 소환했었다. 송벽조는 불경죄란 죄목으로 1년 6개월 감옥생활을 하였다. 〈대종경〉 실시품 10장이 당시와 관련된 법문이다.

- 한 제자의 사상이 불온하다 하여 일경이 하룻 동안 대종사를 심문하다가 "앞으로는 그런 제자가 다시 없도록 하겠다고 서약하라." 하는지라, 대종사 말씀하시기를 "부모가 자녀들을 다 좋게 인도하려 하나 제 성행(性行)이 각각이라 부모의 마음대로 다 못하는 것이요, 나라에서 만백성을 다 좋게 인도하려 하나 민심이 각각이라 나라에서도 또한 다 그렇게 해 주지를 못하나니, 나의 일도 그와 같아서 모든 사람을 다 좋게 만들고자 정성을 들

이지마는 그 많은 사람들을 어찌 일조 일석에 다 좋게 만들 수 있겠는가. 그러므로, 앞으로도 노력은 계속하려니와 다시는 없게 하겠다고 서약하기는 어렵노라." 하시고, 돌아오시어 대중에게 말씀하시기를 "오랫동안 강약이 대립하고 차별이 혹심하여 억울하게 묻어 둔 원한들이 많은지라, 앞으로 큰 전쟁이 한 번 터질 것이요, 그 뒤에는 세상 인지가 차차 밝아져서 개인들이나 나라들이 서로 돕고 우호 상통 할 지언정 남의 주권을 함부로 침해하는 일은 없으리라." -

덕 많고 포용성 있는 사람이 됩시다

조전권

　저는 일전에 원평지부에 출장간 일이 있었던 바 그때에 당 지부 교무이신 박대완 선생님께서 형편에 의하여 대판지부로 전임하게 된 때이었습니다. 이에 따라 수년간 의지하고 배워오던 여러 회원들은 눈이 붓도록 울며 낙심천만하여 며칠간을 두고 와서 하는 말이 우리는 선생님 알기를 친정 부모 겸 시부모 겸 선생님 겸 이와 같이 믿어 왔고 공부뿐만 아니라 비록 개인의 어떠한 사정까지라도 모두 와서 하소연하고 의논하여 그 양해(諒解)[38]를 얻어 왔으며 또는 설사 잘못하는 일이 많다 하여도 항상 원만하여 마음속으로 우리의 허물을 덮어 주시고 잘한 일만 칭찬하고 장려하여 주시더니 이제 선생님께서 일본으로 가시게 되오니 그 섭섭함을 어떻게 억제하오리까. 종사님의 명령만 아니고 회중 인사만 아니라면 결코 못 가시게 하겠으나 어쩔 수 없는 사정이므로 이제 선생님과 작별케 됩니다 하며 구석구석에 가서 우는 동정과 그 동리 외인(外人)까지라도 우리 자녀들에게 선생님의 은혜가 많다 하며 눈물을 흘린다.

---

38) 양해(諒解) : 사정을 잘알아서 너그러운 마음을 씀.

혹은 적은 것이나마 정리로써 물건을 사다 드린다 의연(義捐)[39]을 걷는다 하는 것을 보았습니다.

저는 이것을 볼 때 인정상 그 저 있을 수 없으니까 임시적 흘리는 눈물이 아닌가 하고 살펴본즉 그 이들의 눈물은 형식으로 나오는 눈물이 아니라 진정에서 넘쳐나는 애석의 눈물임을 깨닫고 저는 그 자리에서 한 가지 느낀 바가 있었습니다.

아무리 무도한 사람이라도 헤어지면 섭섭하고 만나면 반가운 마음은 인지상정이라 하겠지만 다 같은 사람 중에도 어떤 사람은 살다가 헤어지게 된다던지 혹 죽는다던지 하면 누구나 다 섭섭다하여 좀더 있었더라면 좀더 살았더라면 하며 뜨거운 눈물을 흘리게 되는데 어떤 사람은 살다가 헤어지게 된다던지 혹 죽는다던지 하면 시원하다 잘 갔다 잘 죽었다 그 사람 꼴을 안 보니 살겠다 이와 같이 말을 하게 되는 사람이 있나니 이것이 다 무엇에 원인함일까요? 그것은 다름이 아니라 오직 그 사람의 행실 여하에 달렸다고 생각하였습니다.

왜 그러냐 하면 사람이 포용성과 덕이 많아야 선악간에 널리 화(和)하여 대하는 사람마다 조금도 충돌이 없고 또한 이리 가나 저리 가나 가는 곳마다 남에게 좋은 일을 많이 끼쳐 누구든지 그 사람을 가까이 하여 조금도 해 될 일이 없게 된다면 이 사람은 누구를 물론하고 다 갈리면 섭섭하다 하여 가는 곳마다 환영을 받고 사람이 많이 따를 것이요, 만일 사람의 덕이 박하고 조금도 포용성이 없어서 선악간 사람을 대하는 대로 충돌이 생기고 또는 이리 가나 저리 가

---

39) 의연(義捐): 사회적 공익이나 자선을 위하여 돈이나 물품을 걷음. 여기에서는 전별금(餞別金)을 말함.

나 가는 곳마다 남에게 해를 많이 끼쳐 누구든지 그 사람을 가까이 하여 조금도 유익을 얻지 못하게 된다면 그 사람은 누구를 물론하고 다 헤어지면 시원하다하여 가는 곳마다 배척을 받을 것이요 사람이 따르기는커녕 본래에 같이 놀던 사람도 다른 곳으로 가버릴 것이 아닙니까.

그럼으로 옛말에도 말하기를 "같은 땅이지만은 기름진 땅 좋은 옥토에 큰 물건 적은 물건이 다 날 수 있지만은 토박한 땅이란 적은 물건밖에 못 난다" 하였고, "물도 같은 물이지만은 깊고 큰 대해(大海) 물은 큰 고기나 작은 고기를 다 포함하여 살리지만은 작은 냇물에는 작은 고기 밖에 못 산다" 하였으며, "나무도 같은 나무지 만은 가지나 입이 무성한 나무는 온갖 새가 다 의지하여 자기도 하고 날기도 하지만은 모지라지고[40] 썩은 나무는 앉았던 새도 몸을 피하기 위하여 날라 간다" 하였으며. "산도 같은 산이 건만은 나직한 야산에는 큰 짐승이 살지 못하고 깊숙하고 큰 산이라야 사자나 호랑이 같은 큰 짐승일지라도 몸을 은신해 산다" 는 말이 있습니다. 그런즉 부처님과 같은 지행을 얻기로 하는 우리 동지는 같은 땅이면 옥토가 되고 같은 물이면 대해가 되고 같은 산이면 큰 산이 되고 같은 나무면 무성한 나무가 되고 같은 사람이면 덕 많고 포용성 있는 사람이 되어 선악간 모든 사람을 당하는 대로 다 포용하고 또한 가는 곳마다 덕을 많이 심어 이리가나 저리가나 여러 사람에게 환영받는 사람이 되어 봅시다.

---

40) 모지라지다 : 물건의 끝이 닳아서 없어지다.

영산(靈山) 박대완은 독립운동으로 옥고를 치르고 가사를 돌본 후 이 땅 산하를 유람하던 중 원기 12년에 우연히 총부에 들려 소태산 대종사를 배견하고 전무출신을 단행하였다.

원기 17년 원평지부가 창설되자 초대 교무로 부임하였다. 이듬해 전임지인 마령지부에서 다시 1년을 근무하고 원기 19년 원평지부로 돌아와 근무하였다.

불법연구회 회장인 경산 조송광이 일본 대판에서 교포들에게 의술을 베풀고 교화를 한 결과 다수의 회원을 얻게 되어 총부에 교무 파견을 누누이 요청하여 원기 20년에 원평지부 교무 박대완이 대판 교무로 발령을 받은 것이다.

그 당시 원평지부 예회록에 의하면,

— 6월 6일, 금일은 제 115회의 예회이다. 오후 2시에 성철석씨 사회하에 예행 순서를 이행한 후 고 추산당(서중안) 기념식을 거행하고 박대완씨 등단하야 종사주의 명령으로 대판지부로 전임하게 되였다는 인사로 장시간 마치고 폐회하다.

6월 16일, 금일은 제116회의 예회이다. 오후 2시 박대완씨 사회하에 예행순서를 마치고 박교무의 고별사가 있은 후 조송광씨의 신임교무 소개가 있었고 다음은 신임교무 김광선씨와 회원과의 인사를 필하고 폐회하다. —

하였다.

6월 19일 익산총부에서는 대판 교무로 내정된 박대완 교무의 송별연이 총부 구타원 이공주의 집(청하원)에서 저녁 때 있었고 이어서 대각전에서 여흥회가 있었다. 박대완 교무는 6월 20일 도일(渡日)하여 7월 7일 첫 예회를 보았다.

　박대완 교무가 전임하게 될 때에 총부 순교로 근무하는 공타원 조전권이 고향인 원평지부에 다녀와서 느낀 감상문을 원기 20년 7월호인 〈회보〉 제18호에 소개하였다.

　〈회보〉 제13호에 소개된 대판지부 연혁과 상황을 요약하면 다음과 같다
　- 조송광 불법연구회 회장이 대판에 이주하여 제도사업에 노력한 결과 동지들이 생겨 원기 18년 12월 26일 본회 환세기념일에 여러 동지의 결의로써 대판지부가 창립되어 현재 정식회원이 20명, 신도가 30여명이며 집회장소는 회원 염경진씨가 자기집 일부를 무임(無賃)대여하여 불법연구회 간판을 걸고 매월 예회와 기타 회원들이 자원 유지해 갈 것을 서약하고 총부에 승인하여 줄것과 교무 파견을 청원하여 총부에서는 정식 교무를 파견하기로 하고 지부 승인은 원기 20년 총회에서 결정하기로 하였다.
　대판지부는 지부장 문성원, 서무부장 염경진, 교무부장 권기영, 교무 조성훈, 재무 정광국, 서기 오귀진으로 임원이 구성되었다. -

대도덕 회상에 입참한 나의 감상

이원리화

　칠십 평생 지나온 일을 한번 곰곰이 생각하여 본즉 허망도 하고 한심도 하며 슬프기도 하고 또 한편으로는 기쁘기도 합니다. 왜 그러냐 하면 원리화는 비록 무식하온 여자이오나 그 마음만큼은 상당한 학식과 훌륭한 인격을 이루어 가지고 가정에 있어서는 살림살이를 잘하고 사회에 나가서는 공익사업을 한번 잘하여 이 세상에 나왔던 보람을 내어 보기가 소원이었습니다. 그러나 무식하고 자유 없는 구식여자인 원리화에게 그러한 소원이 가당키나 하겠습니까. 별수 없이 일 가정에 매인 몸이 되어 상봉하솔과 봉제사(奉祭祀)[41] 접빈객(接賓客)[42] 이며 생남 생녀와 남은 여가 등으로 그날그날을 보내고 나니 머리는 희어지고 몸은 늙었습니다. 그러나 본래부터 종교의 뜻을 가지고 있던 원리화는 불법을 마음으로써 믿고 혹 부처님 앞에 불공과 염불 송경으로써 자식의 명복과 내생의 극락을 발원하였더니 과거의 업보이던지 조물주의 장난이었던지 자식이 먼저 죽는 것을 당하고 보니 비창한 가운데 세상사가 허망할 뿐이

41) 봉제사(奉祭祀) : 조상의 제사를 받들어 모심.
42) 접빈객(接賓客) : 손님을 접대함.

요 대저 어찌 하여야 좋을지를 모르고 지냈습니다. 그러다가 황황도(皇皇道)⁴³⁾ 일원 선생님의 도덕이 높으시다는 말을 듣고 그 선생님의 제자가 되어 가지고 8년 동안 그 공부를 하여 보았습니다. 그러나 그 선생님은 항시 깊은 산중에만 계심으로 자주 뵈옵지도 못하고 따라서 훈련 방식이 없사오니 그 선생님이 별세하시고 보니 황황도 믿은 자취는 가위 허망하게 되었습니다. 그런데 집안에는 이어서 불상사가 계속되고 앞에 있던 재물까지 나가기 시작하는 등 별별 파란이 다 일어나서 원리화의 정신과 육신은 고통을 느끼는 동시에 이제는 점점 병고와 늙음이 침노(侵擄)⁴⁴⁾ 하여 나의 갈 길을 재촉할 뿐이오니 이 어찌 허망하고 한심하며 슬프다고 아니 할 수 있겠습니까.

끝으로 기쁘다 함은 다름이 아니올시다. 원리화는 늙고 병들고 수중에는 금전의 자유까지 없는 이때에 어찌 하다가 우연한 기회로 역겁난우(歷劫難遇)⁴⁵⁾의 대성인 종사님을 뵈옵고 또한 그 분의 직접 제자가 되어 그 법을 받게 된 것입니다. 우리 종사주의 훈련하시는 법은 각인각성(各人各姓)의 근기따라 대도 정법을 가르치시나니 처음에는 계문을 주사 사람으로서 하면 못 쓸 일을 일러 주시고 그 다음에는 사람으로써 꼭 하여야 할 일 즉 솔성요론이라든지 삼

---

43) 황황도(皇皇道) : 1935년 조선총독부에서 조선통치 수단으로 조사한 촌산지순(村山智順)의 《〈조선의 유사종교〉》 등 어느 곳에도 황황도에 대하여 조사된 바가 없다. 황황도는 계룡산에 있었던 신흥종교로 추정되나 정확하게 전하는 것은 없다. 그러나 윤윤원 여인이 30세에 사경에 들어갔다가 천(天)의 음성을 듣고 황황 공부를 시작하여 1960년경에 황황교를 창설하였다. 윤윤원의 황황교가 일원선생의 황황도의 맥을 이었는지는 알 수 없으나 일제시대 계룡산에서 황황도(교) 공부를 하는 사람들이 있었음을 알 수 있다.
44) 침노(侵擄) : 쳐들어가거나 쳐들어옴. 불법적인 침입.
45) 역겁난우(歷劫難遇) : 아무리 오랜 세월을 지내고서도 만나기가 매우 어렵다는 말.

강령 팔조목이라든지 사은 사요 등 참으로 우리 인생에 필요하고 적절한 법을 가르쳐 주시는 중 그것도 또한 각자의 형편에 따라 전문 훈련도 시키시고 또는 재가 훈련도 시키시나니 신심과 정성심만 독실하다면 유무식 남녀노소 선악귀천을 물론하고 성불할 수 있는 거룩하신 훈련법이라고 아니 할 수 없습니다. 그런데 이러한 법 있는 것을 알지 못하고 미로(迷路)에서 방황하며 혹은 도외시하는 사람들을 볼 때에는 참 답답한 동시에 어서 어서 모든 사람들이 각성하여 우리 종사님의 가르치시는 인도 정의를 밝혀 가지고 우리 자신을 제도하는 동시에 다른 사람까지 제도할 인물이 되기를 항상 축수(祝手)[46]하고 있습니다.

장타원(長陀圓) 이원리화는 계룡산 남선리에서 살며 신흥종교를 믿어 왔다. 그의 나이 65세인 원기 19년에 입교하여 무상대도를 만난 기쁨으로 낙도생활을 하다가 원기 22년에는 남선에도 회관(지부)을 세울 것을 결심하고 자신의 집에서 4년 동안 법회를 보면서 알뜰한 동지를 얻어 원기 26년에 회관을 신축할 시 살림 일체를 희사하고 유지답까지 희사한 후 주무로서 희생적 봉사를 하였다.

이원리화가 원기 19년에 입교한 후 감상을 발표하자 구타원 이공주가 수필하여 원기 20년 7월호인 〈회보〉 제18호에 소개하였다. 이원리화의 감상담을 이공주가 언제 듣고 수필하였는지는 알 수 없다.

---

46) 축수(祝手) : 두 손바닥을 마주 대고 빎.

주인을 잘 만나야 한다

전일

저는 요새 회관 죽비를 보고 우연히 한 생각이 났습니다. 다름이 아니라 일전에 전주회관에서 법석에 사용하기 위하여 죽비 한 개를 깎아 놓았는데 그 죽비를 써 본즉 그 전 죽비 없을 때에 비하여 실로 필요하고 편리함을 때때로 느끼게 되었습니다.

동시에 한 생각이 나되 저 죽비를 만든 나무도 본래에는 무주공산(無主空山)[47]의 낙목(落木)[48]이라 만일 주인을 만나지 못하였으면 그 자리에서 썩어 없어지거나 설사 주인을 만났다 하더라도 땔나무 하는 사람을 만났다면 즉시 부엌 아궁이에 들어가 한때 소용물에 지나지 못할 물건인데 다행히도 주인을 잘 만나서 온갖 공력을 들여 죽비를 만들어 놓았기 때문에 비록 무정한 나무일 망정 이러한 법석에 와서 이와 같이 여러 사람에게 많은 편리를 끼치고 애용물이 되었구나. 어찌 이 죽비뿐이리오. 사람도 또한 그러하다고 생각하였습니다. 이에 대한 증거는 다른 사람을 들어 말할 필요가 없이

---

47) 무주공산(無主空山) : 임자가 없는 산.
48) 낙목(落木) : 잎이 떨어진 나무. 버려진 나무.

제가 본래 저 무주공산의 낙목과 같이 세상에서 어칠 비칠[49] 무용지물로 지내다가 우리 종사님을 뵈온 후로 다소 사람이 좀 된 듯하여 이제 저의 역사를 잠깐 말하려 합니다.

  과연 제가 이 세상에 나온 지가 벌써 근 오십이 다 되었는데 그 중 이십여년은 부모의 덕으로 호의호식하고 지내다가 세상 이치는 어찌 할 수 없어 부모를 다 이별하고 즉시 고해 중에 타락되어 공부가 무엇인지 사업이 무엇인지 선이 무엇인지 악이 무엇인지 전연 알지 못하고 풍타중낭타중(風打中浪打中)[50] 주유계(酒遊界)에 투신하여 가산도 처자도 형제도 다 불고하고 매일 술 먹고 발광하기가 일이었습니다. 그리고 술 벗들을 대하여 하는 말이 도덕도 쓸데없고 천리(天理)도 없는지라 이 세상에 악한 자는 잘 살고 선한 자는 못 사니 무슨 천리가 있단 말이냐 하며 취광(醉狂)끼리 서로 악수하고 노상(路上)에서 어칠버칠 지내다가 가정에 들면 처자와 불합이요 형제간에 불목이요 이웃간에 불친이요 친우간에 불신이었습니다. 그러나 저는 남이 욕을 하는지 세상이 어찌 되는지를 전혀 알지 못하고 아침에 잠을 깨어 생각하는 것이 다만 오늘은 어디를 가야만 한 잔이나 마실까. 또는 무엇을 소개하여야 술잔 값이나 벌까 이것이 저의 항시 연구인 바 만일 그 날에 저의 뜻대로 모든 일이 잘 아니 되면 그만 화가나서 권속끼리 싸우기가 일이요 남에게 궂 보이는 일이 많았으며 정히 술 먹을 것이 없으면 단 십전, 이십전에라도 집안 물건을 가지고 전당포로 가기가 일쑤였습니다.

---

49) 어칠비칠 : 쓰러질듯이 자꾸 비틀거리는 모양.
50) 풍타중낭타중(風打中浪打中) : 바람치고 물결이 친다는 뜻으로 일정한 주의나 주장없이 그저 대세에 따라 행동함을 이르는 말.

그런즉 이렇게 세상을 지내올 때 그 누가 저를 사람으로 보았으며 어느 곳에 소용 있는 물건이 되었겠습니까. 그때에는 저에게 심부름 하나 시키는 사람도 없었습니다. 그러다가 천행만행히도 대성 종사님을 배알하고 내왕하면서 복 짓고 죄 짓는 이치와 사람의 육근 작용하는 법을 들어 지나온 지 여러 해가 됨을 따라 자연 종사님의 법설이며 계문에 대한 주의심이 가끔씩 생기기 시작하여 나중에는 매일 종사님의 법력으로 술의 유혹을 없애 주시라고 심축하기가 일이요 틈으로 염불 좌선과 경전 연습을 놓지 않았더니 지성이면 감천으로 저와 같은 죄 많은 자에게도 사은이 감동하시사 6년간 술을 참고 보니 이제는 장래사(將來事)가 자신이 있고 또한 부지중 대우가 올라가게 되었습니다.

이에 따라 지금은 비록 가정에 들어갈지라도 처자형제간에 불합하는 일이 없고 사회를 나갈지라도 친우에게 과히 무신(無信)한 일이 적어져서 어디를 가든지 저를 욕하는 사람은 비교적 적고 칭찬하는 사람이 많아 이제는 저에게 심부름 같은 것을 시키려는 사람까지도 있게 되었습니다. 그런즉 본래 저 무주공산의 낙목과 같이 아무 용처 없고 가치 없는 전일(全一)이가(낙목은 용처만 적을 뿐이요 남에게 해는 안 주지만은) 오늘에 다 소용처가 있고 사람이 된 것은 다 누구의 덕이라 할까요. 오직 우리 대성 종사님 즉 구주(救主)를 잘 만난 덕이올시다. 그런즉 본래 아무 용처 없고 가치 없는 데 다행히도 대성 종사님을 친견하여 오늘에 이와 같은 신분을 지키고 다 소용처가 있게 된 것은 저 무주공산의 낙목으로 있던 나무가 중간에 주인을 잘 만나 죽비가 되어 우리에게 편리를 주게 된 것이나 무엇이 다르겠습니까?

그러므로 저는 같은 나무일지라도 주인을 잘 만나야만 사람의 애용물이 되고 가치가 있게 될 것이요 같은 사람 중에도 그 구주(救主)를 잘 만나야만 가치와 용처가 있게 될 줄을 절실히 느꼈습니다.

●

　　　　전일(全一)은 원기 9년 원평에 거주하는 하산 송적벽의 인도로 입교하여 행상을 하면서도 특별한 기념행사나 강습시에는 야간에 출석을 하는 꾸준한 신성으로 일관하였다.

전주출장소는 원기 19년 오타원 이청춘이 사재 1천원으로 노송동에 가옥을 마련하여 5월 출장소 설립인가를 받고 자신이 순교가 되어 교화를 시작하였다.

전일이 전주출장소에 다니며 죽비를 써본 후 기록한 감상문을 원기 20년 7월호인 〈회보〉 제18호에 소개하였다.

현대문명의 햇불을 조심하라

전용섭

　나는 어느 때 앞 냇가에서 밤에 고기 잡는 것을 구경하였습니다. 때는 오후 9시쯤 되었는데 그때에 저 아래편으로부터 반짝 반짝하며 여러 불덩이가 점점 나 있는 곳을 향하여 왔었습니다. 저는 호기심에 팔려 그 곳을 가본 즉 그는 4,5인의 젊은 청년들이 고기를 잡으려고 켜 들고 온 햇불이었습니다. 그래 나는 내심에 너희가 무슨 고기를 잡으랴 하고 생각하였더니 미안하게도 고기는 자주 청년들의 손으로 들어갔습니다. 나는 하도 이상하여 그 원인을 자세히 살펴본즉 그 고기떼들은 저를 잡으려는 햇불을 보고 행여나 저희들을 살려 주는 무엇으로 알았는지 반가운 듯이 그 햇불을 향하여 달려드니 청년들은 힘을 조금도 들이지 않고 가만히 찍어 잡는 것이었습니다. 나는 이것을 볼 때 한 감상이 나기를 어찌 저 고기뿐이리요, 사람도 또한 그러하다고 생각하였습니다.
　과연 이 시대는 물질문명이 극도로 발달하여 공중으로는 비행기가 날고 땅으로는 기차·자동차가 달리며, 몇 천만리 밖에 일을 앉아서 듣고 말하는 전화 전신이며 기타 우리의 입는 것이나 먹는 것이나 쓰는 물품이 한량없이 편리하게 생겨났습니다. 이에 따라 전에 보지 못하던 것을 보고 전에 듣지 못하던 것을 듣고 전에 쓰지 못하던 것을 쓰고, 전에 먹지 못하던 것을 먹고, 전에 입지 못하던 것을 입어 본 우리 인류는 그 편리하고 화려한 문명의 횃불에 여지없이 마음의 눈이 어두워져서 자기의 처지와 시비는 생각할 여지도 없이 기어이 그 욕망을 채우려다가 결국은 불의의 구렁에 빠져 아버지를 죽인다, 도적질을 한다, 싸움을 한다, 원수를 맺는다 하며 심하면 자기의 생명까지 빼앗겨 범죄 건수가 전에 비하여 날마다 증가하게 되었으니 이것은 누가 시킨 것도 아니오 제 스스로 그 편리하고 화려한 문명의 횃불에 정신이 팔려 이렇게 되는 것이라 어찌 저 횃불을 보고 스스로 달려들어 잡혀 죽는 고기나 무엇이 다르겠습니까.

그러나 한 걸음 나아가 생각한다면 사람이나 고기가 다 그 밝은 횃불에 죽게 되는 것은 그 내면에 각각 욕심이 들어서 그러하나니 저 고기가 횃불을 보고 달려든 것도 혹 무슨 먹을 것이 아닌가 하는 욕심이 들어서 달려들게 되었고 사람이 현대문명의 횃불에 죽게 되는 것도 다 마음 가운데에 욕심이 들어서 그러한 것이 아닙니까. 그러므로 사람과 고기를 죽이는 것이 저 밝고 밝은 횃불이라 하는 것보다도 사실은 욕심이라 할 수 있습니다. 그런즉 우리는 사람을 죽이는 줄 모르게 죽이는 이 불의한 물욕을 하루 속히 항복받아 현대의 물질문명을 적당 또는 공정하게 이용하여야만 이 세상은 참 문명이 될 줄로 알았습니다. 동시에 나 같은 미미한 중생으로 이러한 생각이 나게 된 것은 다 우리 종사님의 은덕이라 그 은덕을 만분지 일이라도 보답하기 위하여 장래에는 본회의 공부와 사업에 남 다른 활동을 하기로 결심하였습니다.

전용섭의 감상문은 원기 20년 7월호인 〈회보〉 제18호에 소개된 내용이다.

회보 제18호에는 전용섭의 감상문 외에도 송벽조의 「자취하는 함정」, 조전권의 「덕많고 포용성있는 사람이 됩시다」, 이원리화의 「대 도덕 회상에 입참한 나의 감상」, 전일의 「주인을 잘 만나야 한다」 등의 감상문이 발표되었다.

종사님을 뵈옵고 도덕 공부를 하게 된 나의 즐거움

최수인화

　저는 어리석고 무식한 여자로서 또한 가난하여 생활이 곤란한 까닭에 몇 년 전부터 약간의 밑천을 얻어 가지고 보따리 장사를 시작하게 되었습니다. 그러나 단 십리 길을 혼자 다녀 보지 못하였고 또한 먼 거리는 알지 못한 소치로 먼 데는 잘 나가도 못하고 이 근처에서 아는 집이나 찾아 돌아다니는 것이 보통이었습니다. 그러다가 일전에는 좋은 길 동무를 만나서 함열(총부와 강경 중간지점) 지방까지 동행을 하기로 하였는데 내심에는 그 곳에 가거든 아는 집 찾아가서 포교(布敎)도 하고 물건도 팔아 보리라는 계획을 세웠습니다. 그리고 둘이 약간의 물건을 짊어지고 걸어서 겨우 목적한 지방을 들어서자 다리는 아프고 날은 저물어서 캄캄하여 갈 수가 없게 되었습니다. 그래서 둘이 주인(잠 잘 집을) 정할 일을 걱정하며 한 집에 들어가서 그 사정 말을 하고 하룻밤 자고 가자고 청하여 보았더니 그 집 주인은 절대로 거절을 하였습니다. 하는 수 없이 도로 나와서 둘러본 즉 그 근처 한간 초막에서 불빛이 보이는 고로 그 곳으로 쫓아가서 하룻밤 자고 갈 곳을 안내하여 달라고 간청한즉 그 집에서 남자가 나와서 이 밤에 어디로 갈 수 없을 것이니 우리 방이 더러우나 들어와 주무시면 나는 다른 데 가서 자겠다고 나가 버렸습니다.

그도 감사히 생각하고 들어가 본즉 방은 차고 먼지는 풀풀 날리는데 이불도 없고 벼룩떼는 달려들어서 아무리 피곤하지만은 잠을 잘 수가 없으므로 뜬 눈으로 밤을 지냈습니다. 그 이튿날 동이 훤하게 틈에 그 집 주인이 들어오는 고로 미안하다는 말을 하고 이 동리에서 강의관씨의 집이 얼마나 되겠느냐고 물은즉 바로 이곳에서 얼마 되지 않는다고 가르쳐 줍니다. 그래서 그 주인에게 하직을 고하고 강씨 집을 찾아들어간즉 대단히 반가워하였습니다. 그 집으로 말하면 본래부터 친분이 두터웠음으로 들어가서 간밤에 잘 곳이 없어서 고생하였다는 말을 한즉 모두 깜짝 놀라며 우리 집을 가까이 두고 공연한 고생을 하였다고 서로 웃었습니다. 조반(朝飯)을 먹고 편히 쉰 후 그 집 안 주인의 부탁으로 편지를 몇 장 써 주었더니 도리어 고맙다고 백배 치사하는 것을 보니 이것이 과연 자리이타로구나 하는 생각이 들며 한편으로는 한 감상이 났습니다.

다름이 아니 오라 어젯밤에라도 그 남자에게 이 집을 물어 보았더라면 그 선량한 사람이 오직이나 잘 가르쳐 주었을 참인데 수인화가 우매한 소치로 잘 곳이 없어 그 근심을 하면서도 아는 집을 찾아갈 줄도 모르고 아는 이에게 물어보지도 못하고 그 고생을 하였도다.

그러면 이 세상 사람들이 낙원의 길을 찾는 것도 그와 같겠구나. 누구나 물론하고 고생살이는 싫어하건만은 낙원으로 가는 법과 길을 알지 못하여 죄고에 헤매이지 않는가. 다시 말하면 우리 종사님 같으신 대성인이 출세하셔서 인생의 요도와 공부의 요도 등 사람으로서는 반드시 밟아야 할 정의 도덕을 가르치시고 그 반면에는 삼십계문 등 사람으로서는 반드시 아니 하여야 할 일을 또한 가르치사 고해중생을 낙원으로 인도하시려고 사방에다가 회상 문을 열어 놓으시고 계시건만은 그 뜻을 알지 못하며 또한 그러한 사람을 인도하기 위하여 순교(巡敎)가 돌아다니건만은 물어 보기는 고사하고 일러 주어도 건성으로 대하고 도리어 저희가 잘난 체하다가 죄업을 잔뜩 짓고 고해로만 들어가나니 그러한 사람들은 지난밤에 수인화가 저를 반가이 맞아 줄 좋은 집을 지척에다 두고 겸하여 그 집을 가르쳐 줄 사람이 그 앞에 있건만은 알지 못하고 고생한 것과 똑같다는 생각이 났습니다. 동시에 아 수인화같이 박복한 사람이 어찌 하다가 천행만행으로 우리 종사님을 뵈옵게 되고 직접 제자가 되었으며 또한 다만 한 철이라도 전문 선 공부를 하여 복짓고 죄짓는 법이며 고받고 낙받는 법 등을 대강이라도 알아 큰 죄는 짓지 않게 되고 다만 말 한 마디라도 복을 짓게 되었는고? 이 위에 만일 여러 번 선을 난다면 과연 부처님의 지혜라도 얻을 수가 있겠구나 하는 생각을 하니 새삼스럽게 환희심이 나서 비상(非常)한 심낙(心樂)을 받은 일이 있었습니다.

　　　　경타원(慶陀圓) 최수인화는 부친 최정우 선생이 천도교 주요 간부요, 시가(媤家) 또한 천도교 집안이라 어려서부터 천도교를 믿었다. 부군의 실수로 가산이 탕진되고 부군마저 행방불명되어 행상을 하며 생활해 나갔다.

원기 19년 소태산 대종사를 뵙고 일체유심조(一切唯心造)라는 법설을 들으며 깊이 느낀 바 있어 입교하여 순교활동을 하던 중 남편이 객지에서 사망했다는 비보를 접하자 원기 21년 전무출신을 단행하였다.
　　최수인화가 행상(行商)에서 느꼈던 감상을 이야기하자 구타원 이공주가 수필하여 원기 20년 8,9월호인 〈회보〉 제19호에 소개하였다.
　　최수인화가 소태산 대종사의 법설을 듣고 입교한 후 어느 날 소태산 대종사께 기쁜 마음을 말씀드리자 소태산 대종사 말씀하신 법문이 〈대종경〉 변의품 30장에 소개되었다.

　　- 최수인화(崔修仁華)는 여러 대의 동학 신자로 우연히 발심하여 입교 하였더니 하루는 대종사께 여쭙기를 "저는 동학을 신앙하올 때 늘 수운(水雲) 선생의 갱생을 믿고 기다렸삽던바, 대종사를 한 번 뵈오니 곧 그 어른을 뵈옵는 것 같사와 더욱 정의가 두터워지고 기쁜 마음을 억제할 수 없나이다." 하거늘, 대종사 말씀하시기를 "그러한 성현들은 심신의 거래를 자유 자재하시는지라 일의 순서를 따라 나신 국토에 다시 나기도 하고 동양에나 서양에 임의로 수생하여 조금도 구애를 받지 아니하시나니라. 과거에도 이 나라에 무등(無等)한 도인이 많이 나셨지마는 이후로도 무등한 도인이 사방에서 모여들어 전무후무한 도덕회상을 마련할 것이니, 그대는 나를 믿을 때에 나의 도덕을 보고 믿을지언정 어디에 의지하는 마음으로 믿지는 말라." -

새벽 종소리를 듣고

박중식

　중식은 어느 날 사물 접촉을 많이 하여 육신이 대단히 피곤하여 조용한 초당에서 일찍이 잠을 이룰 때 곧 혼몽(昏懞)[51] 천지가 되어 남가일몽(南柯一夢)[52]은 호접(胡蝶:나비)이 어지럽게 날고 곳곳의 새소리에 새벽을 깨닫지 못할 즈음에 홀연히 우리 마령지부 새벽 종소리가 귀를 울림으로 곧 잠을 깨어 일어나 경례하고 좌선을 좀 해보려고 앉으매 문득 한 감상이 났습니다.
　아 오늘 아침 이같이 고단할 때에 만일 우리 지부의 종소리가 아니면 나의 깊이 든 잠이 어찌 깨었으리요. 오늘 아침에 잠을 깨어 단 한 시간이라도 좌선 공부를 하게 된 것은 순연히 저 철종(쇠로 만든 종)의 덕이라 새삼스럽게 종의 공덕이 크다는 것을 느끼게 되었다. 그러나 한걸음 더 나아가 생각해 본즉 육신의 잠을 깨워 주는 저 철종과 상대로 정신의 잠을 깨워 주는 법종(法鍾)이 있으니 그것은 곧 역대 모든 성인들의 말씀한 도덕을 이름이다. 과연 성인들이

---

51) 혼몽(昏懞) : 정신이 흐릿하고 가물가물함.
52) 남가일몽(南柯一夢) : 꿈과 같이 헛된 한때의 부귀영화를 이르는 말.

말씀한 도덕이라 하는 것은 비하건대 첫 새벽에 저 철종 소리가 울려 사람들의 깊이 든 잠을 깨워 모든 분별을 얻어 일을 하게 하는 것과 같이 아무 구별 없고 우치한 여러 사람으로 하여금 그 깊이 잠든 참 정신을 깨워서 시비이해를 분별하고 정의 불의를 가리어 꿈속 생활을 벗어나 구별 있고 법도 있는 사람의 생활을 하게 하나니 저 유형한 철종은 아무리 크다고 할지라도 다만 마령 구내 몇 동리의 육신의 잠 밖에 깨워 주지 못하지만은 이 무형한 도덕의 법종은 비록 현저하게 소리는 들리지 않는다 할지라도 시간과 국한 없이 정신의 잠을 깨워 주는 특별히 만든 대종(大鐘)이다.「대성(大聲)은 무성(無聲)」

그러므로 석가의 법종은 인도 일우(한 구석, 한 모퉁이)에서 울렸지만은 그 소리가 동서양에 전파되어 모든 사람을 깨우치고 공자의 법종은 중국 일우에서 울렸지만은 그 소리가 세계에 전파되어 모든 사람을 깨우치고 야소(예수)의 법종은 유태 일우에서 울렸지만은 그 소리가 동서양에 전파되어 모든 사람을 깨우쳤나니 만일 이러한 법종을 세상에 울리지 아니 한다면 어찌 모든 사람들이 참 정신을 찾아 사람다운 생활을 하게 되리요. 더구나 현대로 말하면 주세 성자의 자취가 끊어진 지 이미 오래 되고 이와 반면에 물질문명이 극도로 발달되어 사람의 정신을 현황케 하는지라 아무 자력이 없고 구별 없는 중생들은 전부 거기에 정신을 빼앗겨 참다운 본 정신은 다 잠을 자고 망녕된 광신자들이 세상을 주장하는 이때에 다행히도 하나님이 우리 종사님 같은 대성인을 내시사 공부의 요도 삼강령 조목과 인생의 요도 사은 사요로써 갈림길에서 헤매는 우리 인생을 구제해 주시나니 이러한 기회를 만난 우리 인생은 마땅히 새로운 정신을 발하여 유아 종사님의 대법(大法) 종소리에 깊이 잠든 본 정신을 일으키라.

만일 이러한 기회를 만나 가지고 아무 발원 없이 흙과 먼지에 묻혀서 먹고 사는 생활만 달게 여기는 자는 곧 정신이 귀 먹은 자요 칩충혈처(蟄蟲穴處)[53] 와 마찬가지이다. 중식은 오늘 아침 새벽종 소리를 듣고 새삼스럽게 그 공덕을 느끼는 동시에 장차 국한 없이 미쳐 갈 우리 종사님의 법종 소리에 정신의 잠을 깨워야 되겠다는 생각이 났습니다.

박중식은 마령지부에서 예회 사회를 많이 보며 많은 활동을 하였다.
그의 감상문이 원기 20년 8,9월호인 〈회보〉 제19호에 소개된 내용이다.

공부요도 삼강령은 고해의 대교(大橋)이다

김종성

　갑술(원기 19년) 10월 17일은 부산대교 낙성식 날이다. 우리 교우 일행은 구경차 일찍이 출발하여 오전 10시경에 부산대교 낙성식장 근처에 당도하니 대체 사방에서 모여드는 구경꾼이 물밀듯 들어와서 산같이 쌓여 내왕하기가 용이치 못하고 또한 개통식 시간이 아직 두 시 반이나 남아 있었다.

　우리 일행은 서로 손을 잡고 용두산공원으로 올라가 휴식하며 앞에 있는 신설 대교와 사방 산천을 둘러보니 과연 산천은 오래고 이름을 남긴 인물도 번성하여 16만 인구에 사방 백리의 바다와 육지를 점령한 큰 항구이다. 그리고 대교의 낙성 소개를 들어보면 그의 위치는 부산과 목도(牧島)[54]간에 있는데 이곳은 서쪽과 남쪽이 조화를 이루어 목도를 보듬고 마주치는 곳이라 파도가 심하여 연락도선(連絡渡船)도 오히려 실수가 많았다 한다. 그래서 부산 당국에서는 다년간 연구하여 수백간 거리되는 부산 목도간에 완전한 교통을

---

54) 목도(牧島) : 절영도(絕影島)를 목도라고도 부른다. 부산 영도구에 속하는 섬으로 부산항의 방파제 구실을 한다.

계획하여 만 3년의 장기간을 두고 360만원의 총 공비로 오늘 낙성을 고함이라 한다. 다리의 중선에는 전차의 쌍궤도(雙軌道)⁵⁵⁾가 놓여 있고 궤도 좌우에는 자동차 우마제차의 통로가 있고 그밖에 좌우에는 보행객의 통로가 되어 공중에 있는 육지를 만들어 놓았다.

이 얼마나 굉장한가. 물질도 거대하려니와 인력과 그 기술도 이름을 남길 만 하여 사람의 안목에 놀랄만하다. 구경하는 사람들은 감탄하며 어서 그 다리 위에 남 먼저 한번 걸어가 보기를 다투며 법석거린다.

종성은 이것을 볼 때에 문득 한 생각이 나기를 이 산천이 생긴 후로 저리도 거대하고 요긴한 다리를 놓은 것은 처음 보는 일이요 칭찬하지 않을 수 없는 일이다. 그러나 우리 인생 앞에는 이 부산 바다보다 더 험한 바다가 있으니 그것은 곧 고해(苦海)이다. 무엇을 고해라고 하느냐 하면 사람의 정신이 본래 청정하고 밝으나 세상 물욕으로 인하여 탐진치의 어둔 마음이 동하여 온갖 불의의 행동으로 지어서 그 과보로써 말할 수 없는 고통이 바다와 같이 모여드는 고로 이 세상을 고해라 한다. 그런 고로 우리 인생이 고해를 건너갈 제 저와 같이 튼튼한 다리를 놓고 건너갈 줄 알아야 비로소 침몰의 화를 면할 것이다.

아 우리 인생들아 하루 속히 이 고해에 다리와 그 다리를 놓는 방법을 찾으라. 그러면 이 고해의 다리와 그 놓은 방법은 무엇일까? 그것은 두말 할 것 없이 우리 교리 중에 들어와서 간단히 공부의 요도 삼강령만 알아가져도 이 다리와 그 놓은 방법이 자재(自在)하리

---

55) 쌍궤도(雙軌道) : 기차들이 다니는 길. 레일.

라. 어찌하여 그런가 하면 우리가 만일 수양공부를 많이 하여 모든 경계에 흔들리지 않을 만한 자주력을 얻고 연구공부를 많이 하여 천만사리간에 조금도 막힘이 없이 환하게 다 알며 취사 공부를 많이 하여 능히 정의는 취하고 불의는 버리는 실행력을 얻는다면 이러한 사람 앞에 무슨 고해가 있으리요. 다시 악업을 짓지 아니함에 따라 물론 고가 오지 않을 것은 사실이며 설사 과거의 업보로써 모든 고가 닥쳐온다 할지라도 능히 그를 초월하여 육신은 비록 고를 받되 그 마음 가운데에는 조금도 고가 없으리니 이리 된다면 우리의 삼강령이 곧 고해에 빠진 중생을 고통 없는 낙원으로 건네 주는 다리가 아니고 무엇이리요. 저 부산대교는 360만원의 거액을 들여 놓았으며 다만 몇만 명 편의를 줄 뿐이나 이 삼강령의 다리는 비록 많은 물력을 허비치 않고라도 다만 심공(心功)만 들이고 보면 그 사람의 앞에 삼대력의 튼튼한 다리가 스스로 놓이리니 한 사람이 이 삼대력을 가지면 한 사람의 다리가 될 것이요 천만 사람이 이 삼대력을 가지면 천만 사람의 다리가 되어 빈부귀천을 물론하고 못 가질 사람이 없는 세계적 대교이다. 저 부산대교와 같이 거액을 들여 놓는다면 어찌 종성에게 기회가 왔으리요, 360만원은 고사하고 수십 소쿠리56)의 흙을 져다 부어서 만든다 하여도 종성 자신은 늙고 허리가 굽어져서 할 수 없는 일이어늘 다행히 이 묘하고 견고한 다리를 얻었으니 어찌 종사주의 은덕이 심중(深重)치 아니 하리요. 이제부터 더욱이 대도사업에 노력하여 은혜에 보답할까 합니다.

---

56) 소쿠리 : 테를 둥글게 걸은 대나무 그릇.

하단지부는 삼산 김기천 교무의 지도로 자유 강연과 감상담 발표가 활발하게 진행되었다. 창산 김종성이 원기 19년 부산대교 낙성식을 보고 느낀 감상을 언제 하단지부에서 발표하였는지는 알 수 없으나 원기 20년 8,9월호인 〈회보〉 제19호에 소개되었다.

김종성이 부산대교라 이름한 다리는 부산 영도와 중구 대청동을 연결하는 부산 영도대교(다리)다. 그러나 1980년 부산대교가 건설되기 이전이라 부산대교라고도 불리었다. 부산 영도대교는 너비 18m 길이 214m로 1931년 착공하여 1934년(원기 19년) 에 완공하고 개통식을 하였다. 처음에는 돛이나 굴뚝이 높은 큰 배가 다리에 걸리지 않고 그 밑으로 운행할 수 있도록 한 도개식(跳開式) 다리이었으나, 다리를 들었다 내리는 기계가 낡고 또 다리에 붙어서 영도로 들어가는 수도관이 놓이게 됨으로써 1966년 9월 이후로 들어올리지 못하게 되었다. 당시만 해도 영도와 부산 내륙을 연결하는 유일한 다리로 부산시민의 정과 한국전쟁 중 피난민들의 애수가 담겨 있었다. 현재는 새로 건설된 부산대교와 함께 영도와 부산 도심을 연결하는 교통 및 산업도로의 기능을 수행하고 있다. 도개교(跳開橋)는 큰 배가 밑으로 지나갈 수 있도록 하기 위하여 위로 열리는 구조로 만든 다리로서 양쪽으로 열려 올라가는 이엽식과 한 쪽만 올라가는 일엽씩이 있다.

김종성의 감상문은 다수가 〈회보〉에 소개되었다. 그 중 〈회보〉 제11, 12호의 감상문은 앞에 소개하였다.

3

마음의 때를 세탁하라
- 〈회보〉 제21호 ~ 63호의 감각감상문 -

원단(元旦)[1]의 첫 감상

유허일

　오늘은 병자(丙子 원기 21년)의 신년이다. 신년이 왔다면 무슨 표증(表徵)으로써 신년이 온 것을 증명할 수 있는가. 세속에서는 신년이 오면 울긋불긋한 해가리옷(換歲服)으로 몸을 꾸미고 얼큼 달큼 도소주(屠蘇酒)[2]로써 얼굴은 빛나는 것이 해맞이의 표증이다.
　그러나 우리의 해맞이는 울긋불긋한 화려한 의복의 새해도 아니고 얼큼달큼한 맛있는 음식의 새해도 아니고 오직 청정한 정신의 새해이다. 정신의 새해는 또한 무엇을 이름인가. 오늘 아침 수미산(須彌山)[3] 허공에서 내려오는 백설화(흰 눈꽃)는 해맞이하는 선전 삐라[4]를 너풀너풀 뿌리고 대각전 강당에서 울려오는 종소리는 법공양하는 신호 경보로 땡땡 치고 있다. 그러면 이로써 정신의 새해를 넉넉히 이해할 수 있을 것인가. 저 허공의 백설화는 문자를 기록

---

[1] 원단(元旦) : 설날, 설날 아침.
[2] 도소주(屠蘇酒) : 설날에 먹으면 사기를 물리친다는 도라지, 산초, 계수나무 껍질 등으로 약초로 빚은 술.
[3] 수미산(須彌山) : 불교의 우주관에서 세계의 중앙에 있다는 산. 꼭대기에는 제석천이 중턱에는 사천왕이 살고 있다고 함.
[4] 삐라 : 선전 광고를 위하여 사람의 눈에 잘 띄는 곳에 뿌리거나 붙이는 종이.

한 형식 선전물이 아니라 곧 천지 대자연의 바퀴로 사시(四時)를 운전하는 소식장이며 대각전의 종소리는 또한 음식을 제공하는 형식 공양물이 아니라 곧 종사주의 거룩하신 법설로써 정신의 밥을 먹여주는 자양품(滋養品)⁵⁾ 이다. 그런즉 세속의 새해는 화려한 의복과 맛있는 음식으로써 육체를 기쁘게 하는 날이지만은 우리의 새해는 그와 같은 육체의 공양이 아니라 다만 대자연의 소식과 거룩하신 법설로써 정신을 즐겁게 하는 날이기 때문에 이를 일러 정신의 새해라 한다.

그러면 이 정신의 새해는 어디로부터 와서 어디까지 비치는가. 물론 수미산 봉우리로부터 와서 우리 대각전 강당 안에까지 비치는 것이다. 그러므로 수미산 위에 햇빛 오를 때 우리 대각전 안에서는 법의 싹(芽)이 뾰족뾰족 자라고 있다. 수미산 햇빛은 광대한 곳에서 시작하여 멀리멀리 시방을 둘러서 미묘한 곳까지 비치지만은 우리 법싹의 광명은 미묘한 곳에서 시작하여 두루두루 삼계를 통하여 장차 수미산 절정까지 도달 할 것이다.

과연 우리 법싹은 미묘한 것으로부터 심은 것이다. 21년 전 전남 영광의 영산원에서 미묘하게 근본을 심어서 연부년년(年復年年) 일신우신(日新又新)으로 그 싹이 자라고 또 자라서 이제는 일단 춘광(春光)이 편조시방(遍照十方)⁶⁾ 이 될 터이니 우리는 일신우신(日新又新)의 도를 체받아서 매년 오늘의 해맞이를 당할 때마다 새로운 향상심을 발하고 까닭 있는 계획성을 세워서 저 세속 사람들의

---

5) 자양품(滋養品) : 몸에 영양분을 붙게 하는 음식물.
6) 편조시방(遍照十方) : 모든 방향에 두루 비침.

능나금수(綾羅錦繡)[7]와 고량진미(膏粱珍味)[8]의 소극적 유락(遊樂)으로써 신년벽두에 생생한 기분을 말살시키는 것보다는 오직 한 마디 법설이라도 맛있게 듣고 한 가지 실행이라고 빛나게 드러내서 날로 커오고 날로 길어나는 법의 싹의 광명을 활용하자는 것이 유일한 해맞이의 보배이다.

그런데 금년의 해맞이는 특별히 우리 근본지인 영산원(靈山院)[9] 해맞이가 더욱 거룩하고 더욱 행복일 것이다. 오늘 대각전의 해맞이는 종사님 영정만 모시고 종사님 법어봉독만으로도 이만큼 행복을 느끼거든 하물며 영산원 동지들은 직접 성안을 모시고 직접 법을 받을 때 참으로 거룩할 것이다. 때마침 을해(乙亥) 한독(旱毒)[10]으로 신음하는 영산원 동지들의 주린 배에 자비하신 법공양을 내려주시기 위하여 종사주께서는 영산원으로 해맞이 가신 주가중(駐駕中)[11]이다. 남으로 남으로 영산원을 향하여 신년만수를 올리고 나무아미타불.

---

7) 능나금수(綾羅錦繡) : 명주실로 짠 피륙을 통틀어 이르는 말.
8) 고량진미(膏粱珍味) : 기름진 고기와 좋은 곡식으로 만든 맛있는 요리.
9) 영산원(靈山院) : 원기 8년 옥녀봉 아래 있던 구간도실을 범현동으로 옮기고 학원실과 식당채를 짓고 구간도실을 영산원이라 이름하였다. 이때부터 범현동 영산원 일원을 영산이라 부르며 현재는 영산성지가 있는 길룡리 일대를 영산이라 부른다.
10) 을해(乙亥)한독(旱毒) : 원기 20년(1935) 여름 가뭄으로 영산 가수원은 수입이 감소되고 정관평의 농사도 수입을 얻지 못하는 흉작이었다.
11) 주가중(駐駕中) : 소태산 대종사는 원기 20년 12월 27일 오전에 김형오를 대동하고 영광으로 출발하였다. 영광(영산)에서 20여일을 머문 후 원기 21년 1월 14일에 총부로 돌아왔다. 원기 21년 3월호인 〈회보〉제23호 영광(영산)지부 상황란에는 당시 상황을 아래와 같이 적고 있다.
  - 본 지방 회원 일동이 고대 갈망하얍든 법가 남순은 마침내 지난 (음)섣달 초에 실현되옵서 일반의 환열은 무엇으로써 형용키 어려웠으며 종사주 유가중 20일간에 신입회원이 100여명이요 구회원도 더욱 새 기운을 얻어서 공부와 사업에 정진 분투중이오며 그 후로 회세가 더욱 팽창하다. 매 예회면 300여명의 출석으로써 대성황을 일우오나 야못 가옥 협착이 일대 문제일 뿐이외다.-

원기 21년 1월 1일 오전 10시 총부 대각전에서 신년식을 거행하였다. 신년식에서 신년 감상담이 있었고 오후에는 정남 정녀 열반기념식을 하였다.

2일 오전에 유산(柳山) 유허일의 역사 강의가 있은 후 오후에 남녀 대중이 신년 감상담으로 유쾌히 지냈다.

원기 20년 12월, 21년 1월호 합본인 〈회보〉 제21호에는 유허일 뿐만 아니라 전음광의 「송구영신에 제하여」, 이공주 「연두서(年頭誓)」, 김정종의 「신년을 마지면서 또 다시 겸심」, 송규의 「독경해액으로 삼가히 새해를」이라는 감상문이 소개되었다.

유허일은 23세시에 전라도 8개군 합동 유림강회에서 주역을 강론하여 유주역이라는 애칭이 생겼다.

영광 보통학교에서 10년간 교원으로 근무하다 원기 17년 친구인 일산 이재철의 인도로 소태산 대종사를 친견하고 입교하였다. 원기 18년에 출가하여 총부 학원 교무로 2년간 근무하였다. 학원 교무로 근무하면서 원기 21년 원단에 감상담을 발표한 것이다.

유허일은 사서오경을 통독하여 천리 또한 밝았으며, 국사에도 명료하여 매년 강습시 해박한 강의를 하였다. 8·15 광복 후 전재동포 구호사업 소장으로 구호사업에 전력하는 한편 대한건국준비위원 등의 활동을 하며 중앙방송국 방송위원으로 매월 1회씩 1년간 국사와 불교 강의를 담당하였다.

유허일은 그 후 총무부장, 교정원장을 역임하였으며 본교 재단이 설립되자 초대 재단이사장에 취임하였고, 원광대학 설립위원장을 역임하며 많은 대내외 활동을 하였다.

근본을 돌아보아 그 본을 받자

김형오

　사람이 세상에 처하여 무슨 일을 하기로 하면 먼저 그 근본을 돌아보아 그 선인의 가언선행(嘉言善行)[12]을 본받아야 할 줄 압니다. 즉 나의 처지가 가정생활을 하게 되었다면 먼저 그 조부모(祖父母)의 밟아 오신 경로를 돌아보아 가언선행이 있으면 그 본을 받을 것이요, 나의 처지가 어떠한 단체생활을 하게 되었다면 먼저 그 단체의 전후 역사를 돌아보아 또한 지나가신 여러분의 가언선행을 본받을 것이며 나의 처지가 한 국가에 헌신하여 큰 공을 이루고자 할진댄 먼저 그 국가의 역대 군왕과 각 대관들의 치민치정(治民治政) 하는 것을 돌아보아 그 가언선행을 본받아 행하여야 할 것입니다. 이는 자고로 전해 오는 성경현전(聖經賢傳)에도 많이 말하였으니 새삼스럽게 말할 필요도 없으나 하여간 그 근본을 잊고 역대 선인들의 가언선행을 본받을 줄 모르는 자는 무슨 일에나 성공은 못하리라고 생각합니다. 그러면 우리의 처지를 한번 돌아봅시다.
　우리로 말하면 적어도 국한 없는 대 도덕사업에 헌신 노력하자는

---

12) 가언선행(嘉言善行) : 좋은 말과 착한 행실을 아울러 이르는 말.

사람들이요 겸하여 고해 창생을 낙원으로 인도하겠다는 커다란 서원과 책임을 진 사람들입니다. 그러면 우리는 그 누구의 본을 받아야 하겠습니까. 그는 법설할 필요도 없이 우리 불법연구회를 구성하옵신 대성 종사님과 이하 1회[13] 창업주되시는 여러 선생님들의 가언선행을 본받아야 할 줄 압니다. 그러면 그 분들의 가언선행은 무엇 무엇일까?

이에 대강 몇 가지만 들어 말한다 하더라도 처음 방언공사를 시작하실 때에 동지 섣달 눈바람 속에도 불고하시고 종사님께서 친히 나오셔서 일일이 그 감독을 다하셨다는 일, 또 팔 구인의 선생님들은 팔을 부르걷고 친히 흙짐을 져서 해수지를 막아서 언답을 장만하셨다는 일, 어린아이들도 남의 지배와 시비는 싫어하거든 항상 당신들 댁에서는 다 자유로운 생활을 하시든 양반들로서 각자의 생각은 다 포기하고 종사님의 명령에는 수화(水火)라도 불피(不避)하고 절대복종하셨다는 일, 또 종사님께옵서 부안 실상사에 내왕하옵실 때에는 친히 봇짐을 짊어 지셨으되 봇짐 속에는 노비 십전과 강밥[14] 가루 몇 줌과 표주박 한 개를 싸서 가지고 가시다가 일백 삼십리나 되는 노정에 시장하시면 냇가에서 물을 뜨고 그 강밥 가루로 끼니를 이으셨으며 날이 저물면 하등(下等) 주막에 들리시어 그 십전을 내고 주무셨다는 일, 또 익산에 처음 나오시어 엿 장사하실 때에는 보리밥도 귀해서 엿밥 한 덩이로 끼니를 이어 가며 반찬은 된장이나 소금이나 아카시아나무 잎을 삶아서 자시면서도(먹으면서

---

13) 1회(一回) : 소태산 대종사는 교단의 창립한도를 36년으로 정하고 이를 제 1대라 하였다. 1대를 다시 12년까지를 1회, 24년까지를 2회, 36년까지를 3회로 구분하였다.
14) 강밥 : 눌은 밥의 잘못된 표현. 국이나 찬도 없이 맨밥으로 먹는 밥.

도) 조금도 퇴굴심이나 자포자기하는 마음 없이 꾸준히 노력하여 오늘날의 성공을 보게 하신 일, 또 종사님께옵서는 이해 없는 친족에게 여러 가지로 원성과 불평을 들으시면서도 오직 공사를 위하여는 사사를 불고하옵시는 일, 지금 형편으로 말하면 종사님께서 여행을 하시게 되면 기차를 1,2등이라도 타실 만하지만 반드시 3등을 타시는 일, 당신님께 바친 시봉금이라도 회중 경비 혹은 기타에 충용케 하시고 푼전이라도 사재로 두시는 일이 없으신 일, 또 영광이나 익산 등지에서 교당을 건축할 때에도 전부 그 어른들이 직접으로 역사 조력을 친히 하셨다는 일, 당신네의 의관이나 신발이나 수용품은 항상 값싼 고물상 물건을 사용하시고 회중에 손실 끼칠까 두려워하신 일, 이외에도 우리의 본받을 만한 일이 부지기수입니다. 이 얼마나 장하고 거룩하며 탄복할 일입니까.

　과연 그 어른들은 우리를 위하여 한 걸음 더 나아가 전세계 고해 중생을 위하여 많은 노력과 수고를 하신 것은 사실입니다. 그 중에도 우습고 눈물겨운 일화를 두어 가지 들어서 말하자면 아래와 같습니다. 어떤 어른은 처음 엿장사를 하실 때에 엿목판을 등에 지고 촌가를 찾아다니며 엿 사라는 소리를 참아 못 내어 동리 아이들에게 엿 한 개씩 주어 가며 엿 사라는 말을 외어 달라고 하셨다 합니다. 또 어떤 어른은 보리를 찌어 밥을 할 때에 조리질을 할 줄 몰라서 조리가 이리저리 왔다갔다 하는 것을 따라 당신의 머리까지 흔들었다 합니다. 저는 그런 말씀을 들을 때마다 실로 황송하고 감탄한 생각을 마지않을 뿐입니다. 지금 그 어른들 가운데에는 머리에 백발이 흩날리시는 이도 게시니 그만 한적한 곳에서 수양이나 하실 만도 하지만은 지금에도 오히려 본회를 위하여 추위와 더위에 수고를 불고하시고 열렬한 활동을 하시는 것을 뵈오면 실로 저와 같은 인물은 미치지 못할 바라 두려운 마음이 나는 동시에 우리도 그 어른들의 본을 받아 전에는 어떠한 호화로운 생활을 하였다 할지라도 이제부터는 검박하게 먹고 검소하게 입고 존절(撙節:알맞게 절제함)히 쓰며 나의 몸은 괴롭더라도 남을 위하여 거짓없이 참진(참다운) 활동을 하여 그 어른들과 같이 위대한 공적을 나타내야 하겠는 생각이 나서 몇 말씀 썼습니다.

●

　　　　　　승산 김형오가 원기 20년 총부 외감원 겸 응접원으로 근무하면서 원기 21년 2월호인 〈회보〉 제22호에 발표한 감상문이다.

자신 얻은 나의 감상

임양권

　나는 저 세상에서 보통 생활을 할 때에 제일 큰 걱정 하나가 있었습니다. 그것은 다름이 아니라 인생의 수명이란 참으로 말할 수 없이 짧은 것이다. 현금 세상에 칠팔십 년을 사는 사람이 있다면 누구든지 그를 일러 장수자라고 하지만은 그 사이 광음(光陰)[15]이 오히려 유수(流水)같이 지나가거늘 하물며 전 세계를 통하여 칠팔십 년의 수한을 넉넉히 채우는 자가 그 얼마나 될 것인가.

　나는 이러한 생각을 할 때 「아 세상은 무상한 것이며 하잘것없는 것이다. 영웅 호걸도 죽어지면 그만이니 차라리 젊은 청춘시대에 좀 활발히 놀고 마음대로 지내는 것이 옳겠다」는 생각으로 몇 해 동안은 아무 주착없이 방랑생활을 하게 되었습니다. 그리하다가 하루는 다시 참회의 마음을 발하게 되었으니 그것은 오직 무상하다는 생각으로 스스로 나의 심신에 타락의 사상을 둘 것이 아니라 들은 즉 야소(예수교) 교당에서 영생이라는 말씀이 있고 부처님의 회상에는 불생불멸이라는 말씀이 있으니 내가 만일 그 도문에 입각하여

---

15) 광음(光陰) : 햇빛과 그늘. 즉 낮과 밤이란 뜻으로 시간이나 세월을 이르는 말.

그러한 진리를 오득한다면 어찌 한갓 무상한 데에 그쳐 단촉한 생활만 하고 말게 되리오. 나는 거기에 한층 용기를 분발하여 처음으로 야소교에 입참하여 그 영생의 진리를 찾아보았습니다. 그러나 그 교회의 성경을 참고하나 각 선교사의 설명을 들으나 영생이라는 말씀이 오직 야소만 신앙하면 자연 천당에 가게 되고 천당에 가면 자연 영생을 얻는다 할 뿐이오 그 영생에 대한 이유 해석이 철저하지 못함으로 나는 거기에 깊은 신념이 생기지 않고 오직 모호하다는 생각으로 몇 해 동안을 지내는 동시에 간접으로는 혹 승려에게 불생불멸의 진리도 물어 본 적이 있었습니다.

그러나 나는 과거 업장이 두터운 소치인지 거기에 대하여 쉽게 해혹(解惑)16)을 얻지 못하고 번민 망상으로 무단히 시일만 보내던 중 지난 삼년 전에 천행으로 본 회상에 참례하여 종사님의 많은 법설과 여러 동지의 자상한 해석을 듣는 동시에 불생불멸의 진리를 사실적으로 마음에 자신 있게 얻는 듯하니 참으로 현묘한 진경에 있어서는 이제 자신 있다는 말이 어찌 만분지일이라도 감히 그 정각(正覺)을 얻었다 하리요. 많은 나의 과거 경험에 있어서는 이것만으로도 능히 평생 소원을 성공하였다는 느낌이 없지 않습니다. 그러면 그 자신된다는 이유는 무엇인가? 이는 곧 천지만물 허공법계와 일체 유정(有情) 무정(無情)이 모두 근본적 불생불멸의 진리를 갖추었다는 말씀입니다. 그 실례를 몇 가지 들어본다면 천지가 순환하사 주야와 사시가 시시각각으로 변천한 것 같으나 항상 도로 그 자리에 회복하여 조금도 변한 바가 있지 아니하며 일월의 광명

---

16) 해혹(解惑) : 의혹을 없앰.

이 비록 있다 없다하여 신혼출몰(晨昏出沒)[17]이 서로 다르나 오직 그 일월이 동서로 윤회할 뿐이며 바람과 구름이 또한 있다 없다 하여 천만번 변화하나 항상 우주 공간에 오직 한 기운이 동했다 정했다 할 뿐이며 만산(萬山) 초목이 가을이 되면 잎과 꽃이 다 영락(榮落)[18]하여 죽은 듯이 있지만은 명년 춘삼월이 되면 도로 그 자리에서 싹이 길어나며 해수(海水) 육수(陸水)가 흐르고 흘러서 쉬지 않고 가지마는 도로 그 물이 윤회하여 돌아나오나니 이것은 오직 그 대강만 말씀한 것이오나 천지 만물 중에 그 어느 것이 돌아갔다가 다시 돌아오지 않는 것이 있으며 없어졌다가 있어지지 않는 것이 있습니까.

하물며 동물은 만물 중에 가장 신령한 것이라 하며 사람은 동물 중에 또한 신령한 것이라 하나니 최령하다는 사람이 더욱 천지 이기(二氣)[19]를 다 갖춘 사람으로서 어찌 한번 가면 다시 오지 못하고 한번 없어지면 다시 있어지지 못할 이치가 있습니까. 나는 이러한 생각을 할 때에 마음이 상쾌하며 억만 년이라도 없어지지 않는 나의 생명을 얻은 기쁨에 가슴이 뛰놀아집니다. 과거 진시황이 불사약을 구하기 위하여 동남동녀 오백인을 삼신산에 보내었고 한무제(漢武帝)도 불사약을 얻으려고 승로반(承露盤)[20]을 제조하지 않았는가. 그러나 모두 그 욕망을 이루지 못하고 한갓 세상 사람의 웃음을 면치 못하였거늘 하물며 나와 같이 권리 없고 재능 없는 일개 한

---

17) 신혼출몰(晨昏出沒) : 새벽과 저녁이 나타났다 숨었다 함.
18) 영락(榮落) : 성함과 쇠함.
19) 이기(二氣) : 우주 만물의 서로 반대되는 두 가지 기운으로서 이원적 관계를 나타내는 것. 달과 해, 겨울과 여름, 북과 남, 여자와 남자 등은 모두 음양으로 구분된다.
20) 승로반(承露盤) : 하늘에서 내리는 장생불사의 감로수를 받아먹기 위하여 만들었다는 쟁반.

사람으로써 어찌 장생불사의 큰 물건을 얻어서 무궁한 계획과 불퇴의 정신을 가졌다는 말인가. 옛날 광성자(廣成子)[21]와 적송자(赤松子)[22]의 무리가 인간을 도피(逃避)하고 단약(丹藥)을 연마하여 한 육신으로써 수 백년을 살아 왔다는 말이 도리어 어리석은 일이라고 생각이 됩니다. 그러나 한갓 불생불멸이라는 생각만 가지고 있으면 될 것인가. 그것은 그렇지 않습니다.

생멸이 없는 가운데에도 까닭 있는 영생과 활력 있는 생명을 갖추어 가지고 미한 중생이 생사대해(生死大海)를 사실적으로 초월하여야 할지니 그리하자면 우리 삼강령 공부가 아니면 어찌 까닭 있는 영생과 활력 있는 생명이 되겠습니까? 우치(愚癡)[23]한 중생은 이러한 이치를 알지도 못하고 이러한 공부를 만나지도 못하여 아무 예산 없이 애욕에만 탐착하며 꿈속같이 그 심신을 가진다면 그것은 곧 까닭 없는 영생이요 활력 없는 생명이라 어찌 사실적 죽음에 조금이라도 다름이 있으리요. 그러므로 나는 천세 만세가 지나도록 영원히 이 삼강령 공부에 귀의하여 까닭 있는 영생과 활력 있는 생명을 얻어 가지고 시방 세계에 자유자재하며 종사님 대법의 홍은(洪恩)을 길이 받들기로 스스로 맹세하고 다시 사은전에 축원하여 마지않습니다.

---

21) 광성자(廣成子) : 《〈장자〉〈재유(在宥)〉에 나오는 인물. 상고(上古)의 선인으로서 공동산의 석실 안에 은거하고 있었다고 한다. 또 〈석문(釋文)〉에는 노자(老子)의 별호라고 한다.
22) 적송자(赤松子) : 신농씨 때 비를 다스렸다는 신선의 이름.
23) 우치(愚癡) : 매우 어리석고 못남.

임양권은 총부가 있는 익산 신룡리에서 태어나 소학교를 졸업하고 가사를 돌보며 생활하다가 혜산 전음광의 지도로 원기 19년에 입교하여 교도로서의 의무를 성실히 이행하였다. 그의 감상문은 원기 21년 2월호인 〈회보〉 제22호에 소개되었다.

회보 제22호에는 임양권의 감상문 외에도 김형오의 「근본을 돌아보아 그 본을 받자」, 박길진의 「우리의 입각지」, 이성권의 「을해를 보내고 병자를 맞이하여 나의 새 결심」, 정도석의 「우리는 진심을 참읍시다」, 김인철의 「입선감상」 등 감상문이 소개 되었다.

을해를 보내고 병자[24]를 맞이하여 나의 새 결심

이성권

　세월이 흘러 해가 가고 해가 오는 이 가운데 성권도 벌써 20년의 과거를 가지게 되었습니다. 장구(長久)하다면 장구하고 단촉(短促)하다면 단촉한 20여 성상 나의 과거를 회고한다면 이 무엇으로써 자랑하며 무엇으로써 역사의 페이지 수를 편성하리요. 다못 금일에 이르러서는 무료히 보낸 과거를 스스로 반성하고 한탄할 뿐이외다.

　때는(1월 1일) 오전 4시 50분의 기침종을 따라 침구를 정리하고 사은전에 심고를 올리고 나서 좌선을 하려고 앉으니 좌선은 되지 않고 이전 과거사가 눈앞에 어른거리고 머리에 돌아서 모든 생각이 일어났습니다. 과연 나의 단촉한 20평생의 경로를 대개 말한다면 저는 자연의 공도로써 병진(1916년) 3월 24일에 이 세상에 나와 부모님의 양육으로써 고이고이 자라나서 나이 8세시 3월부터 18세시 3월까지 만 10년이란 세월을 과학 공부에 노력하다가 동년 7월 7일부터는 본회에 입회하여 성권이란 법명을 받은 즉시 도학을 배우게

[24] 을해(乙亥)년은 원기 20년, 병자(丙子)년은 원기 21년.

되었으며 그 익년 19세 5월 25일은 세상 향락을 영원히 단념하여 오롯한 심신을 종사주와 여러 대중에게 바쳐 이 공부 이 사업에 노력하며 종사주의 지도 명령에는 수화라도 불피하고 절대 복종하여 저의 몸을 제도한 후 나아가 위로 사은의 큰 은혜를 갚고 아래로 삼악도 고해 중생까지 제도하겠다는 전무출신의 길을 나섰습니다.

사은의 대자대비하옵신 혜택이신지 오랜 세월의 약조이었던지 도학이라면 비방하고 뜻도 없는 저로서 오늘날 전무출신까지 하게 되었으니 일편으로는 기묘하기도 하고 일편으로는 이름 없이 일 가정에서 사라지고 말 일개 여자로 이러한 대도 회상에 참예하여 적어도 그 시원하고 상쾌한 말씀은 일구난설(一口難說)[25]이며 일필난기(一筆難記)[26] 였었습니다. 그러나 아무 경험 없는 저로서는 이 즐거움과 상쾌함이 진정에서 우러난 것이 아니었던지 그 후 몇 달이 되지 못해서 그만 갖은 고통과 갖은 파란을 다 일으키며 종사주와 부모님의 심리를 상해(傷害)[27]드리고 또는 모든 경계를 이기지 못하고 이 생활의 불만으로 가끔 대중을 요란케 하며 따라서 시시로 저의 심사도 초려(焦慮)[28]하여 괴로운 생활을 하여 나왔습니다.

그러면 성권은 처음 출가시에 종사주나 일반 대중에게 이와 같이 언약하고 맹세하였던가? 다른 사람은 나 이상 까닭 있게 몇십 년의 노력을 하면서도 추호의 사심 없이 오직 처음에 맹세한 그대로 꾸준히 그 책임과 사명을 이행하는데 우매한 성권은 아무 도움 없이

---

25) 일구난설(一口難說) : 내용이 길거나 복잡하여 한 마디로 다 설명하기 어려움.
26) 일필난기(一筆難記) : 내용이 길거나 복잡하여 간단히 기록하기 어려움을 이르는 말.
27) 상해(傷害) : 상처를 내어 해를 끼침.
28) 초려(焦慮) : 애를 타우며 생각함. 또는 그런 생각 = 초사(焦思).

지나온 약 1년여의 생활이 이와 같이 복잡하고 요란하였으니 염치 없는 저로서는 다시 말씀올릴 길이 없나이다. 만약 제가 금년에도 또 이와 같은 정신으로서 살아간다면 저는 아주 사회에 배척자요 시방세계의 배척물이 될 것이며 아무리 홍대(弘大: 넓고 큼)한 목적과 사명을 가졌더라도 당장 파멸될 것입니다. 병자년(원기 21년)이란 해는 불행한 해로서 모든 사람에게 해가 많다 하지만 저에게는 이 병자년이 저의 생전에 제일 좋은 날인 줄 생각합니다.

  만일 오늘 아침에 이러한 일을 각성하지 않고 또 과거대로 계속하였더라면 저의 한없는 앞날이 어떻게 되었으리요. 과거를 회고하니 아 그 아슬아슬한 형상이 어둔 밤에 외나무다리를 건넌 것도 같고 또는 무변대해(無邊大海)에 돛대 없이 건너는 배와 같으니 이 위태한 심경을 그 어찌 표현하오리까. 그러면 저의 전일에 지낸 어수선한 생활은 그 무엇이 시켰을까요? 옛말에 중이 염불에는 힘 안 쓰고 잿밥에만 힘쓴다더니 이 말이 꼭 저를 두고 한 말씀이라 하겠습니다. 그것은 왜 그럴까요? 자신을 잊어 버리고 대중을 위하여 노력하겠다는 몸으로서 공부와 사업에는 힘 안 쓰고 단지 몸을 꾸미고 단장하며 또는 어느 방면으로든지 돈 쓰기를 주장하며 또는 놀기나 나가기를 힘쓰며 이것을 다하려고 할 때에는 종사주와 부모님의 명령도 어기고 또는 여러 동지의 충고까지도 불고하였으며 또는 취하다 이루지 못하면 그만 오장을 끓여 꾀병을 일으키어 요란을 내었으니 이것이 어찌 목적과 사명의 실행이며 염불에는 정신 없고 잿밥에만 힘쓰는 사람과 무엇이 다르리요.

  과거의 잘못이지만은 이 말씀을 다시 고(告)하자니 저는 부끄럽고 죄송한 마음 금할 수 없습니다. 제가 오늘에 이 모든 것을 발표하는 것은 전일에 모든 잘못을 버리고 병자년 새해부터는 새로운 정신, 새로운 각성으로써 사람다운 생활을 하기 위하여 아래의 몇 가지 조항으로써 결심을 세우기 위한 것입니다.

一. 어떠한 사심이 발할 때에는 여기에 온 목적과 사명을 반성하여 제거할 일.

一. 항상 수도자의 본분을 생각하여 외(外)형식을 너무나 꾸미고 단장하지 안 할 일.

一. 큰 목적과 큰 소원을 이루고자 할 시는 첫째 「돈」을 잊을 일.

一. 부득이한 연고 외에는 외출을 자금(自禁)하여 공부가 완성되기 전에는 세속 친구와 교제까지 끊을 일.

一. 오늘 이 시간을 허송치 말고 아무쪼록 공부와 사업하기에 힘쓸 일.

一. 나의 몸은 사은께 바친 사은의 공복이 되었으니 종사주의 지도 명령에는 수화(水火)라도 불피(不避) 복종할 일.

一. 관유를 주장하여 어느 방면으로든지 대중의 심지를 편히 하며 따라서 단합하기에 힘쓸 일.

이와 같은 조항을 때때로 잊지 아니하여 무상 낙원을 건설하는 목공(木工)이 되어 볼까 합니다.

●

이성권은 원기 19년 갑술동선에 입선한 후 원기 20년 제 21회 총부 정기훈련 즉 을해동선(음 11.6~2.6)에 입선하여 전문훈련을 받는 중 원기 20년을 보내고 원기 21년을 맞이하며 1월 1일 새벽 좌선시간에 지난날을 회고하면서 한 새로운 결심을 1월 5일자 정기일기로 썼다.

그의 정기일기를 원기 21년 2월호인 〈회보〉제22호에 소개하면서,
- 익산총부 선원에서 당년 21세 여자인 이성권의 1월 5일 정기일기를 초록하여 그 진실다움을 광고함. - 이라 했다.

을해동선은 음 11월 6일 오전에 총부 대각전에서 소태산 대종사를 모시고 결제식을 거행하였다.
선방에는 근 백여명의 남여노소 선원이 매일 낙도하는 가운데 육과정을 하면서 정기일기나 회화시간에 금언옥설이 쏟아지자 소태산 대종사 들으시고 "많이 늘었다" 하시며 칭찬을 하였다.
원기 21년 음 2월 6일 오전 10시부터는 제21회 동선해제식이 대각전에서 있었다.
해제식은 개식, 회가, 심고, 소태산 대종사 훈사, 담임 교무 회고, 공부상항 보고, 성적표수여가 있었고, 이어서 송규, 최상옥의 감상담과 조송광, 박제봉의 축사, 권동화, 김일현의 답사가 있은 후 해제가를 부르고 폐회하였다.

우리는 진심(嗔心)을 참읍시다

정도석

대저 누구를 물론하고 공부가 없는 사람으로서는 진심(嗔心 : 성 내는 마음) 낼 경계를 당하여 잘 참는 사람이 드문 것은 사실입니다. 그러나 도학을 공부하는 우리로서는 어떠한 화나는 일이 있다고 성질 있는 대로 진심을 내서는 못쓸 것이며 또는 아무리 진심을 낸다 하더라도 그 결과는 아무러한 이익도 없고 도리어 해만 돌아올 것입니다.

저를 말씀드리면 동무끼리 놀다가 비위가 틀리면 그 진심을 참지 못하고 그냥 대들어 할말 안 할 말을 꺼림없이 다하며 혹은 싸움까지 하여 보았습니다. 그러나 결국은 조그마한 이익도 없고 모두가 해만 보고 말았습니다. 그리하오니 그 진심을 참지 아니하고 무슨 이익을 바라겠습니까. 옛 성인의 말씀에도 '인일시지분 면백일지우(忍一時之忿 免百日之憂)'라 하셨는데 그 말씀은 한때의 분함을 참으면 백 날의 근심을 면한다는 뜻입니다.

그러면 어찌 그럴까요? 그것은 다름이 아니오라 한 예를 들어 말하자면 제가 어떠한 사람하고 놀다가 어떠한 일에 진심이 났는데 그 진심을 참지 못하고 홧김에 저 사람의 비밀을 폭로하여 저 사람으로 하여금 일생에 출세를 못하게 된다든지 혹은 저 사람을 구타하여 병신을 만든다든지 또는 살인을 한다면 이 생에서도 법률에게 죄 받을 것은 물론이고 서로 원수가 되어 다생겁래에 인과업보로 서로 미워하며 서로 죽일 것이니 어찌 백날의 근심만 되오릿가. 몇백 생 몇천 생의 근심이 될지 모를 일입니다.

그러한 것을 우리의 공부를 한 결과로 이 찰나 사이에 일어나는 진심을 참고 보면 그와 같이 수백 생 맺어질 원수가 변하여 좋은 은인(恩人)으로 변할 것이며 또는 그 진심을 참는 머리에 그 경계를 당하여 시비와 선후의 처리할 방법이 어두워지지 아니 할 것이며 항상 넉넉한 태도와 점잖고 무게 있는 행동이 나타나 모든 사람이 우러러보고 존대할 것입니다.

그러하오니 우리는 진심을 꼭 참아야 하겠습니다. 그뿐 아니라 한 나라의 정치가가 진심을 참고 못 참는 데 따라서 그 나라의 흥망성쇠가 달렸으며 한 가정의 호주가 진심을 참고 못 참는 데 따라서 그 가정의 흥망성쇠가 달렸으며 한 몸의 주장인 마음이 진심을 참고 못 참는 데 따라서 일신(一身)의 흥망이 달린 것은 과거 역사로 보나 현 시대의 실상으로 보나 분명한 바입니다

고로 불법에서는 이 진심을 탐진치(貪嗔癡) 삼독(三毒) 중에 한 독물(毒物)이라 하여 인생생활의 행복을 파괴하는 한 독소라고 지칭하였나니 어찌 참지 아니 하오리까. 그러나 혹은 가르치고 다스리는 입장에 있는 분으로서 다스리기 위하여 가르치기 위하여 겉으로 노(怒 노여운 기색)를 발표하는 수가 있으나 이는 성냄과는 근본적으로 뜻이 다른 것입니다.

그러나 그러할 때라도 속에서 진심이 나서 노해서는 못씁니다. 하여간 진심이라 하는 것은 잠깐 사이라도 속속들이 화가 나서 그 맑은 정

신을 가리는 것이니 다스리는 사람이나 가르치는 사람이나 배우는 사람이나 누구를 물론하고 이 진심만큼은 내서는 못 쓸 것입니다.

●

정도석이 원기 20년 제21회 총부 정기훈련 즉 을해동선에 입선하여 전문훈련을 받으며 쓴 정기일기를 원기 21년 2월호인 〈회보〉 제22호에 소개하면서,

- 익산 총부 선원으로서 당년 15세 소년인 정도석의 1월 29일 정기일기를 그대로 초록하여 독자 제위에게 선원 실적을 주지케 함.- 이라 했다.

입선감상

김인철

　불법연구회에 입회한 지가 얼마 안되고 형편상 매 6일(6일, 16일, 26일) 예회 참예도 별로 못한 만큼 진리는 그만두고 겉으로 나타난 규칙도 잘 알 수 없었습니다. 본래 기독교인의 가정에서 자란 만큼 저의 의식이 고정 될 그때 까지는 기독교를 신앙했으나 그도 어느 시기 까지요 종교라면 어떤 종교를 물론하고 반대했습니다. 더구나 재래의 조선에 있는 구 불교라면 산중에서 염불이나 하고 동냥이나 할려면 인가에 찾아 내려오는 줄로만 알기 때문에 이 사회와는 아무 관계없는 딴 세상 사람으로 알 뿐이었습니다. 혹세무민하는 미신 종교로만 생각하던 저로써 이 회상에 입회하게 된 것은 우연한 일이 아닙니다. 과거 나의 생활이 순경이었다면 오늘날 이 공부를 할 기회가 없었을 줄 압니다. 세상 풍파에 시달리어 헤맬 대로 헤매어 보았으나 갈 곳이 없어 이 사회를 떠나 깊은 산중에서 지내 보았으나 그 곳 역시 인간 사회라 더한층 심한 고통이 따라와 어느 순간에는 인생으로서 제일 착이 크다는 생의 애착가지도 잃게 되어 밤이 되어 자리에 누울 때면 신명(神明)이여 나로 하여금 내일 아침에 다시 이 괴로운 세상에 깨우지를 않게 하여 주소서 하고 빌기를 몇 번이나 하였던지요. 억지로 죽는 것도 죄가 된다니 후생에 다시 이 고를 받을까 무서워 죽지도 못하고 이중 삼중으로 받는 고통이었습니다. 물질만이 나에게 안정을 주지 못하는 것을 아는 이상 번화한 도회지(도시)로도 갈 수 없고 광활한 천지에 나의 머리를 두를 곳이 없었습니다. 이러한 나에게도 한 점의 서광이 비치게 되었으니 곧 이 세상의 대세를 살피고 시대에 적절한 인생의 요도와 공부의 요도를 내어 놓으사 고해에서 헤매는 악도 중생을 빠짐없이 선도로 인도하시려는 대성 종사주의 대 법하에 발길을 돌리고 머리를 굽히게 되었습니다. 병든 자는 의사의 지도를 받고 약을 먹어야 그 병을 치료하는 것과 같이 이제부터는 종사주의 밝혀 놓으신 법으로써 훈련을 받아 자신부터 제도하는 동시에 고해에 헤매는 중생을 위하여 남은 세상은 헌신 노력하려고 결심했습니다.

　

　　　　　김인철은 원기 20년 총부 제21회 정기훈련 즉 을해동선에 입선하였다. 100여명이 입선한 동선에서 그가 입선 감상을 발표한 것을 원기 21년 2월호인 〈회보〉 제22호에 소개하였다.
　김인철은 입선하여 정기훈련을 받은 후 전무출신을 서원하였다. 그리하여 원기 21년 4,5월호인 〈회보〉 제24호에 전무출신을 서원한 정관음행, 박제봉, 조희석, 배주선, 박수권, 이사국, 김도오, 이창규, 양도신, 김인철 10인의 약력을 각각 소개하는 「아회(我會)의 새 일꾼」에서 "새 일꾼을 얻은 기쁨이 어찌 좁은 입과 짧은 붓으로서 다 말하고 그릴 수 있으랴만…" 이라 하였다.

소개된 김인철 여사 약력은 다음과 같다.

- 여사는 당년 36세의 장년으로 본적을 충남 서천에 두었다. 일즉히, 교문을 나온 후 암매한 조선여성계를 위하야 일변 교원 노릇도 하고 일변 청년회를 조직하며 또는 야학을 설립하여 여러 방면으로 다년간 교육사업에 많은 활동을 하엿다 한다. 종교로서는 원래 기독교인의 가정에서 생장한 만큼 기독교를 신앙 하엿든바 의식이 차차 발달됨에 따라 그 교리에 불만이 이러나기 시작하야 차차 성의가 없어젓다 하며 이상의 목적한 교육사업이나 여성운동을 철저히 하려면 좀더 배워야겟다는 생각으로 도동(渡東)을 하엿으나 사정에 의하야 목적을 달성치 못하엿고 중국 방면으로 방향을 돌려보앗으나 그 역시 사정에 의하여 목적을 이루지 목하야 마침내 귀국하여 단단한 가정을 일우웠다 한다. 가정을 이룬 후로도 여성운동을 해보려는 마음은 더욱 팽창하야 내외가 보조를 같이하여 청년운동과 여성운동에 정신·육신·물질 이 세 가지를 기우려 동일한 전선에서 다년간 노력하엿으나 결국 남편의 방종한 생활과 기타 여러가지 사정에 의하야 머릿속에 그려놓은 이상은 다 파멸되엿으며 이후붙어 세상은 결국 허무뿐이라는 착각으로 사회와는 인연을 끊고 심산궁곡에 드러가 흐르는 세월에 몸을실러 그날그날을 사러오든 중 다행히 본 회원 박혜련화, 조전권 양씨의 많은 설교에 감신하야 즉시 입회한 후 본관에와 전문훈련도 받고 종사님 법설을 많이 들은 결과 다시금 소극적으로 사러오든 과거를 후회하고 그 갈길을 찾엇다 하며 한번 사람답게 다시 사러보기 위하야 이번에 전무출신까지 하게 되엿다 한다. 가옥을 건축하려면 목재가 필요한 것이오. 세상을 구제하려면 인재가 필요하나니 제생의세의 대업을 목적한 본회로서 이와같이 장지(壯志)를 품은 여사를 얻게 됨이 어찌 우연한 일이며 오즉이나 반가운 일이랴. -

남의 지도자 되기에 급하지 말고
그 자격 먼저 준비하라

전삼삼

　이것은 지금으로부터 7,8년 전 일입니다. 그때에 마음 깊이 느낀 바 있어 〈회보〉를 통하여 몇 말씀 기록코자 합니다.
　다름이 아니오라 지나간 어느 해 현재 영광 지부장 송도성씨와 대판 교무로 계신 박대완씨와 같이 진안군 성수면 만덕산을 찾아가는데 그 곳은 산중이라 산을 넘으면 또 산이요 골짝을 지나면 또 골짝이어서 저곳이 이곳 같고 이곳이 저곳 같아 처음 가는 사람으로서 찾아가기가 곤란할 뿐 아니라 작은 돌길에 풀이 소소(蕭蕭)[29] 하여 여러 번 다닌 사람도 찾아가기가 좀 어렵게 되었습니다. 저도 한 차례 가 보았으나 길을 좀 찾기 어려운데 그때에 길을 잘 가려면 지나는 사람에게 길을 물어서 가야 하거늘 설마하니 이 길을 못 찾을 것이냐 하는 생각으로 제가 앞장서서 길을 인도하게 되었고 따라오는 두 분은 초행이라 또한 제 말만 듣게 되었습니다. 아 그런데 그때 길만 옳게 갔더라면 무슨 문제가 있었겠습니까만은 이 감상을 얻으려고 그랬던지 길을 딴 곳으로 들어서 얼마를 가다 보니 그만

---

29) 소소(蕭蕭) : 한가한 모양. 쓸쓸한 소리의 형용.

생전에 보지 못한 곳이 나옵니다. 그제야 놀라서 길 잘못 든 줄을 깨닫고 지나가는 사람보고 물으니 아니나 다를까 조선리수로 십리(十里) 길은 잘못 왔습니다. 그래서 십리 길을 다시 도로 나오며 곰곰이 생각하니 따라오는 두 분에게도 미안한 마음이 한없으려니와 스스로 잘못하였음을 후회하였습니다. 그와 동시에 문득 아래와 같은 감상이 났습니다.

아, 남의 지도자되기는 참으로 무섭고 어려운 것이다. 그것도 상당히 지도할 만한 자격이 있어 지도자가 되는 것은 모르거니와 그 자격도 없이 명예를 탐한다거나 혹은 이욕에 끌린다거나 하여 남의 지도자의 입장을 취하는 것은 참으로 어리석은 일이요, 비교할 수 없는 죄악이라고 생각하였습니다. 저의 그때 일로만 말할지라도 제가 무슨 명예를 탐하거나 지도자가 되려고 한 것은 아니지만은 한 번 가본 길이라 해서 두 분은 저의 말을 듣게 되었는데 그때 제가 그 길을 확실히 알았다면 그야말로 그 길 가는 지도자의 자격은 갖추었다고 할 수 있으나 그 길을 자상히 몰랐으니 지도자의 자격을 갖추지 못한 것은 사실입니다. 그와 같이 자격도 없이 지도자가 되었다가 3인이 다 십여리 산비탈에 가시덤불과 싸워가면서 헛고생만 하였고 그때에라도 길 가는 사람에게 물었으니 십리 헛수고만 하였지 만일 묻지도 안하고 갔더라면 그보다도 더 어떠한 고생을 하였을지 알 수 있습니까. 이러하오니 자격 없이 남의 지도자되고자 하는 사람이 어찌 어리석지 아니 하오리까.

보십시오. 한 가정의 지도자인 호주가 호주의 자격을 가지지 못하고 호주가 되면 필경에는 그 가족의 앞길을 망치며 한 단체의 지도자인 두령이 두령될 만한 자격을 가지지 못하고 된다면 그 단체

구성원 전부의 앞길을 그릇 치고 말며 한 나라의 정치가가 자격이 없이 백성을 지도하고 보면 그 백성을 망치고 말지 않습니까. 이것은 만고(萬古) 이래로 역사상 역력히 증명하는 바입니다. 고로 남의 지도자 되기에는 자격이 없는 자는 물론이요 자격이 있는 자도 무섭고 어려운 것입니다.

그러하거늘 현대에 어떠한 사람들은 무슨 회의석상에서나 어떠한 집합 단체에서 무슨 임원을 선정하려 할 때에 자기에게 그만한 자격의 유무는 두 번째 문제로 하고 혹은 명예나 이욕을 탐하여 그 중에서 제일 높은 임원으로서 최고 지도자의 입장을 취하려 하며 그것을 얻기 위하여 가진 운동과 수단을 쓰다가 만일 성공이 되고 보면 그만 마음이 흡족하고 기뻐서 입이 저절로 벌어지는 일이 허다 하며 또는 대개 남에게 배우기는 싫어하고 가르치기는 좋아하니 이런 철없고 가소로운 일이 어디 있습니까. 비유하여 말하자면 지도자라 하는 것은 기차의 기관수와 같고 배의 사공과 같은 것이니 만일 기관수나 사공이 조금만 잘못한다면 그 기차와 배 속에 가득 실은 여러 사람의 생명과 모든 물품이 눈 깜박할 사이에 파괴되고 침몰되지 않습니까.

그와 같이 지도자가 조금만 실수하여 잘못 인도한다면 수천 수만 생명이 일시에 멸망을 당하는 수도 있을 것이니 우리는 이와 같이 헛된 생활, 가소로운 생활, 죄악의 생활을 하지 않을 뿐 아니라 남의 지도자가 되기에 조급하지 말고 자격을 먼저 준비하여야겠다는 생각이 났습니다.

성타원(成陀圓) 전삼삼은 원기 7년에 삼타원 최도화의 인도로 변산에 가서 소태산 대종사를 뵙고 제자가 되었다. 그해 말 소태산 대종사 만덕산 만덕암을 찾아 3개월여를 머물자 원기 8년 설날에 외아들 전음광(혜산)을 데리고 만덕암을 찾아 소태산 대종사와 전음광을 영부시자(靈父侍子)의 결의를 맺게 한 후 장래에 살길을 상의하자 소태산 대종사는 '전주에 가라' 고 하였다. 그리하여 일가가 전주 완산동으로 이사하여 창립인연들의 연락처로 활용되었고 원기 9년 3월에 소태산 대종사를 모시고 7인이 불법연구회 발기인 모임을 한 장소가 되었다.

원기 9년 불법연구회창립총회를 마치고 소태산 대종사가 만덕암에서 1개월 선을 날 때 12제자 가운데 전삼삼, 전음광 모자가 함께 선에 참여했다. 그후 익산에 총부가 건설되자 총부 구내로 이사하여 전재산 반을 교단에 희사하였다.

전삼삼은 만덕산 만덕암을 몇 번 왕래했던 경험으로 주산 송도성, 영산 박대완 교무의 만덕암 길 안내를 한 적이 있었다. 그는 원기 20년에 7,8년 전 그때의 일을 생각하며 감상문을 써 원기 21년 3월호인 〈회보〉 제23호에 발표한 것이다.

지옥생활을 벗어난 기쁨

이혜명화

　혜명화는 본디 농촌 생활을 하는 고로 하루는 호미를 들고 채소밭에 나가 마늘을 캐게 되었습니다. 저는 무심코 마늘을 캐 나갈 즈음에 홀연히 흙 속에 큰 거시랑(지렁이) 한 마리가 호미 끝에 찍혀서 허리가 끊어지는 것을 보고 살생은 본디 아니하여야 될 것인 줄을 들어서 아는 바라 우연히 하게 된 살생에 하도 슬픈 마음이 있어서 한 5분 동안이나 묵묵히 앉자 있다가 한 감상이 있었습니다.
　대저 저 곤충의 세계를 보면 자마리(잠자리)와 매아미(매미)와 벌과 나비 같은 것이며 기타 허다한 다른 벌레는 사람이 근처에만 가면 달아나서 제 몸에 해 돌아올 것을 피하거늘 가련한 거시랑은 광명한 천지를 보지 못하고 다만 흙 속에서 지옥생활을 하고 있다가 사람이 가까이 오고 호미 소리가 곁에서 나도 둔탁한 재질이 피할 줄 모르고 마침내 생명이 죽고 마는 것을 보니 참으로 측은한 일이다.
　옮겨서 사람의 세계를 본다 해도 사람이 능히 사리에 아는 것이 있고 시비이해가 밝아서 목전에 돌아오는 재앙을 피할 줄 아는 자는 저 다른 벌레가 저의 몸을 피할 줄 아는 것과 같은 것이요 사람이 아무 발원이 없고 시비이해를 모르고 오직 먹고 사는 생활로 두문불출하여 세상일에 간섭이 없고 목전에 돌아오는 재앙을 피할 줄 모르는 자는 곧 저 지옥생활을 하고 있는 거시랑과 다름이 없을 것이다. 따라서 혜명화 자신을 한번 돌아보니 저는 여자의 몸이라 안에만 있어서 밖에 일을 말하지 아니한다는 구식 관념으로 집에만 있어서 도덕이 무엇인지 공부가 무엇이지 아무 생각 없이 악도 고해가 목전에 돌아와도 오는지도 모르고 궁촌에서 밥이나 먹고 이 세상을 평범하게 살아 갈 것이니 이리 된다면 거시랑이가 지옥생활을 하여 목전에 돌아오는 재앙을 모르고 있는 것과 조금도 다를 것이 없을 것이어늘 어찌 천행으로 인도 정의를 밝혀내어 악도 중생을 제도하시려는 우리 종사주의 도덕 회상에 참례하여 조금이라도 인간의 시비이해가 알아지고 복 짓고 죄 짓는 이치가 대강 알아져서 영원히 악도고해를 면하려고 일일시시로 낙도생활을 하고 있으니 본래 천지 분간을 못하고 살던 혜명화가 저 거시랑과 같이 지옥 가운데 폐물이 되지 아니하고 지옥을 벗어나서 광명한 도덕회상 창립시기에 한 분자가 된 것을 생각하면 곧 굼벵이가 변하여 매미가 되고 고기가 변하여 용이 될 기회라.

혜명화는 먼저 종사주의 심히 중한 은혜를 감축하고 다음 제 일신의 요행함을 생각하매 자연이 늙은 몸이라도 어깨가 우쭐거리고 발꿈치가 움직이는 기쁜 생각이 있었습니다.

혜타원(慧陀圓) 이혜명화는 진안 좌포에서 태어나 안경신(대산종사 모친)의 인도로 입교하였으나 가족들의 이해가 없어 자유스럽지 못하였다. 그러나 신성으로 예회 출석은 물론 유지 정성이 장하였으며 교중일에는 괴로움을 헤아리지 않고 봉사하였다. 이혜명화는 어려운 여건 속에서도 좌포출장소 예회의 사회와 감상담 등 활발한 활동을 하였다.

팔산 김광선 교무가 마령지부에 부임하면서 좌포에 출장 예회를 시작하여 원기 20년 김광선의 후임으로 마령지부에 부임한 구산 송벽조 교무가 출장 예회를 이어갔다.

원기 21년 2월 19일 좌포출장소 예회에서의 이혜명화의 감상담을 좌포 출장 예회를 보던 송벽조 교무가 수필하여 원기 21년 3월호인 〈회보〉 제23호에 소개하였다. 원기 21년 2월 좌포지부(출장소) 예회록에 의하면,

― 2월 9일 본일 예회는 오후 8시에 이혜명화씨 죽비하 제반 순서를 마치고 송봉환씨의 회보 소개와 김성무씨의 「불의란 고해의 근본이다」에 대하여 강연이 있은 후 폐회하다.

2월 19일 본일 예회는 오후 8시 김대거씨 사회하 예행 순서를 밟은 후 이혜명화씨 외 6인의 감상담이 있었고 폐회하다. ― 라 하였다.

좌포에는 원기 23년에 회관이 마련되고 직산 송봉환 교무가 부임하였다.

입선소감

정관음행

　본회에 입회한 지 얼마 되지 못한 나로서 이제 선원에 참례하여 종사주와 대중을 모시고 많은 법설을 듣게 된 것은 천만 영광으로 생각하오며 따라서 몇 가지 생각과 새 감상을 서로 교환하여 넓고 아득한 옛터에서 길을 잃고 헤매는 사람이 길을 찾은 듯하고 파도가 흉용(洶湧)[30]한 큰 바다에서 파선하게 된 어부가 구제선을 만난 듯한 느낌이 있으므로 이제 나의 과거 일생을 회고하여 그 심리 변천된 것과 곡절 많았던 경로를 대강 기록해 해보려 합니다.

　나의 소년 시절에는 아무 걱정없는 생활을 하였음으로 세상 어려움과 일신의 고통을 경험해 보지 못하고 나의 앞에는 항상 행복이 올 줄만 생각하는 동시에 인간생활이 고해라는 말씀을 사실 알지도 못하였습니다. 그러하다가 차차 세상 맛을 알게 된 것은 30세 이후인 바 모든 일이 마음에 어긋나고 현 사회 가정에 대한 여러 가지 불평 불만이 심신을 괴롭게 하여 아무리 감내할 방법을 생각하여도 감내할 수양이 부족하여 비하건대 불붙은 강변에 소 날뛰듯 한다는

---

30) 흉용(洶湧) : 큰 물결이 세차게 일어남.

속어와 같았습니다. 그리하여 나는 비로소 종교생활이 퍽이나 신성하고 안락하다는 추상(推想)³¹⁾을 가지게 되어 어느 때는 불교의 교리를 들어보고 어느 때는 야소교(예수교)를 찾아 야소교의 교리를 들어 보았으나 모두가 미신 같아 신심이 잘 나지 않아 혹 자탄(自歎)³²⁾하기를 성현의 가르치신 말씀에 믿음이 나지 않으니 이는 나의 업보가 과연 중함인가 하는 생각도 났습니다.

그러나 신심에 대하여는 억지로 마음 낼 수가 없음으로 거기에도 뜻을 정하지 못하고 또 다시 번민 망상에 끌리기 시작하여 신경이 극도로 쇠약함에 한 처소에 오래 있을 수 없고 천하만사가 신외무물(身外無物)³³⁾ 이라는 생각하에 혹 북으로 혹 남으로 유람생활을 하던 중 우연히 불교 중에 수양하는 도인 한 분을 만나서 그분의 안심 생활하는 태도를 보고 나의 안심할 방법을 물었던 바 부처님의 무상한 법설을 많이 일러 주심으로 비로소 다소의 신심이 생겨나서 몇년간 불교 생활을 하게 된 것입니다.

그러한 동시에 다시 각처로 순회하여 여러 법사의 강설도 많이 들었고 또는 불교계의 사업을 진흥하기 위하여 약간의 운동도 해 보았습니다. 그러나 이 역시 나의 마음에 의심이 아주 끊어지고 생각이 완전히 복종되지는 안 하였으니 그것은 다름이 아니라 교리에 있어서는 비록 우리의 안심입명이 될 대도인 줄은 알았으나 실지공부를 착수하기로 할 때에 일상 동정간에 공부하는 강령이 잘 나타

---

31) 추상(推想) : 미루어 생각함. 또는 그 생각.
32) 자탄(自歎) : 자신의 일에 대하여 탄식함.
33) 신외무물(身外無物) : 몸 외에는 다른 것이 없다는 뜻으로 다른 어떤 것보다 몸이 가장 귀하다는 말.

나지 아니하였으며 또는 세간 출세간을 물론하고 두루 공부할 방법이 충분치 못하다는 생각으로 항상 구름 위에 있는 산을 바라보는 것과 같아서 희미한 생각에 쌓이어 상쾌한 정신을 발견하지 못하였고 제도에 있어서는 모든 것이 너무나 원시적이요 시대에 모순된 바가 많으며 교리를 운전하는 데에도 그 방법이 융통치 못하여 결함된 바가 사실 많은 줄을 생각하는 동시에 자연 그 제도에 복종되지 아니하고 공연이 개혁할 생각만 가지고 있었으나 고단하고 능력 없는 한 사람의 여자로서 어찌 수백 년 동안 전래한 폐습을 감히 개혁할 도리가 있었겠습니까?

나는 또 여기에 번민 망상이 일어나기 시작하여 마음의 안정처를 얻지 못하고 차라리 깊은 산중에나 찾아가서 시비 없는 일생을 보내리라 생각하고 있었던 바 다행하게도 지난해 가을 우연히 친우의 인연으로 본회의 내용을 대강 듣고 한번 그 사실을 알아보리라고 생각하던 차 마침 종사주께옵서 부산 행차를 하셨을 때에 몇 시간 동안 법설을 듣고 마음에 상쾌한 생각을 가지게 되었습니다.

그리하여 다시 선원에 참예하여 본회의 교리를 대강 듣고 보니 사은사요와 삼강령 팔조목의 강령이 명확하며 정기전문 11과정, 상시응용 6과정이며 기타 여러 가지로 공부해 가는 방법이 모두 순서가 정정(正正)하고 조리 분명하여 일상 동정간에 그 공부할 자료가 충분하고 재가 출가에 그 훈련하는 방법이 주밀하여 우리의 수행 대도가 눈앞에 분명히 드러나오며 더욱이 종사주의 명철하신 법설은 나의 마음속을 직접 통하여 주시는 느낌이 있사오니 어찌 감사하지 않겠습니까. 그리고 제도에 대하여도 모든 것이 시대에 적절하고 하나도 결함된 바가 보이지 아니하여 나의 평소 이상하던 바에 몇 배 이상의 혁신이 되었사오니 이도 또한 부처님의 명철하신 지견이 아니시면 어찌 이와 같은 조직을 만들었겠습니까.

  과거 삼천 년 전에 중생제도하시는 옛 부처님을 그리워하던 나로서 어찌 뜻밖에 구전심수하옵신 종사주을 뵈옵게 되었을까 생각할수록 그 신기함을 스스로 측량치 못하겠나이다. 나는 이제부터 영원히 안신입명할 곳을 얻었고 영원한 사업 장소와 복전을 얻었으니 나의 일생은 오로지 여기에 바쳐서 천신만고를 당할지라도 조금도 퇴전치 아니하고 한편 배우고 한편 가르치며 한편 공부하고 한편 사업하여 종사주께서 대도를 운전하는데 조수(助手)가 될까 하나이다.

            경타원(景陀圓) 정관음행은 원기 20년 100여명이 입선한 총부 제21회 정기훈련 즉 을해동선(음11.6~2.6)에 입선하여 훈련을 받으면서 전무출신을 서원하였다.

  그가 입선 중 과거를 회고하며 입선 감상담을 발표한 감상문을 원기 21년 3월호인 〈회보〉 제23호에 소개하였다.

  원기 21년 4,5월호인 〈회보〉 제24호에는 전무출신을 서원한 10인의 약력을 소개하는 「아회(我會)의 새 일꾼」에서 정관음행을 소개하였다.

  정관음행 여사의 약력

  ― 여사는 당년 37세의 장년으로 본적을 경남 동래에 두었다. 일즉히 교문을 나온 후로 다년간 각 현 대학을 연구하기에 몰두하엿으며 동시에 하

나씩 둘씩 이 조선의 결함을 알게되야 이로붙어 그 마음은 편하고 한가한 날이 없엇다. 이에 따라 일가정 몇사람을 위하야 일생을 마치는 것보다는 여러 사람을 위하여 목슴 바치는 것이 더 신성타하야 근 20년간 일워나오든 가정을 일시에 탈출한 후 재래불교를 배경으로 하야 경향 각지에 여자청년회를 조직한 적도 한 두 번이 아니요. 능인학원, 실업학원 등 기타 야학을 설립하야 재래조선불교 여자청년 동맹위원장으로 계실 때에도 특히 남 다른 노력을 하엿다 한다. 그러나 재래불교계란 통제와 단결성이 너머나 부족한이만치 모두가 여의케 되지 아니 하고 정신은 극도로 산란하야 자연 그 갈 길을 주저하고 있던 중 특히 거년 11월경에 본 회원 임칠보화씨의 지도로써 본회에 입회하야 그 동선 3개월 동안 전문으로 본회의 훈련을 받어왓다. 평소에 재래불교의 자멸상태를 통탄하고 잇든 만큼 가장 현대적이요, 대중적인 이 신교리(新敎理) 훈련을 받어본 여사의 심경은 날로 변천하야 이제야 갱생의 길을 찾은 듯 그 즐거운 마음을 무엇으로써 말할 수 없었다 하며 동시에 공부와 사업을 적극적으로 하기 위하야 단연히 전무출신까지 하게 되엿나니 일꾼이 부족한 이때 이와 같이 경험코 사업적인 여사를 얻게 됨은 물론 본회의 서광이요, 더욱 여자계의 경사라 아니할 수 없다. ─

등대

김인철

  등대(燈臺)라 함은 바다에 떠다니는 배를 위하여 탑을 높이 세우고 불을 켜 놓은 것을 이름이니 이는 평온한 바다에 방향을 찾아가는 배를 위하여 세웠다는 것보다도 어두운 밤중에 폭풍우를 만나 길을 잃고 헤매는 배를 위하여 세웠다는 것이 적절한 말일 것 같습니다. 과연 그렇습니다. 만경창파(萬頃蒼波)[34]에 방향을 잃고 폭풍우에 이리저리 몰려다니는 배가 만일 이 등대에서 비쳐 주는 한 줄기의 불빛이 아니면 그 배에 있는 생명을 무엇으로써 구원하겠습니까. 그러므로 사람들은 그 배를 위하여 등대를 세워 놓았고 배는 그 등대를 보아 방향을 알게 된 것입니다. 방향을 잃은 배로서 등대의 공덕을 잊을 수 없다는 것만은 제가 구구히 말하지 않을지라도 여러분께서 잘 아실 줄로 아오나 이는 제가 연전(年前)[35]에 배를 타다가 등대의 필요를 절실히 느낀 바 있어 잠깐 말하려 합니다.

  연전에 배를 타고 어디를 갔다 오는 길에 풍랑을 만나 해상에서

---

34) 만경창파(萬頃蒼波) : 한없이 넓고 넓은 바다.
35) 연전(年前) : 두서너 해 전.

5, 6시간을 돌아다니다가 바람은 좀 잤으나 밤 12시가 넘으니 사면은 어둠에 싸여서 방향을 잡을 수가 없고 그 배에 탄 사람들의 생명이란 그 배의 생명과 함께 풍전등화와 같이 되었습니다. 그런데 어디인지는 모르나 희미하게 육지가 보임으로 일행은 아무 곳에나 내려서 날이 밝아오기를 기다리기로 하고 배를 언덕으로 대려고 이리저리 돌아다니다가 문득 멀리서 비쳐 주는 일점의 불빛으로 말미암아 그 곳은 군 부대의 요새지대로 포대(砲臺)[36]가 있는 근처임을 알게 되었으며 그와 동시에 우리의 나갈 방향도 찾게 되었습니다. 만일 이 때에 등대에서 비쳐 주는 불빛이 아니었더라면 우리는 물론 그 육지에 상륙하였을 것이며 상륙하였다면 배에서 내린 여러 사람들의 생명이 어찌 되었겠습니까. 더구나 다른 나라의 군항 포대에 내렸다면 두말할 것도 없이 어찌 되었을 것입니다. 아이때에 멀리서 비치던 한 줄기 불빛의 공덕이 어떠하겠습니까. 생각을 돌이켜 이 세상 인류가 생활하는 것을 볼 때 세상이 바로 고해임을 느끼지 않을 수 없었습니다. 동시에 유아 종사님께서 제정하옵신 공부의 요도 삼강령 팔조목과 인생의 요도 사은사요는 곧 이 사바세계의 등대가 됨을 알았습니다. 과연 우리 인생이 한 세상 살아가는 동안 이 바다 가운데서 오욕의 물결을 따라 이리저리 밀려 돌아다니며 방향을 찾지 못하는 자 그 얼마나 많습니까. 세상이 곧 고해라는 말은 구구히 설명할 필요가 없으나 본회의 공부의 요도와 인생의 요도가 우리 인생의 등대가 된다는 것을 말하겠습니다. 사람들은 말하기를 밥이 없어서 못 사느니 옷이 없어서 못 사느니 집이 없어서

---

[36] 포대(砲臺) : 화포 및 포원을 엄호하고, 사격을 편리하게 하기 위한 목적의 설비. 포루(砲樓).

못 사느니 합니다. 그러나 밥이나 옷이나 집은 온 천하에 가득 차 있는 것이니 절대로 이 천지에 옷과 밥이 없어서 못 사는 것은 아닙니다. 오직 그 정신이 혼미하여 무엇이 죄가 되고 무엇이 복이 되는 것인지? 무엇이 옳고 무엇이 그른 것인지를 알지 못하며 또는 설사 안다 할지라도 실행이 없으며 또는 정신의 자주력을 얻지 못하여 희로애락의 경계를 당할 때 이리저리 흔들리어 천하에 가득 차 있는 의식과 보배를 이용할 줄 모르는 까닭입니다. 이에 따라 인생은 그 길을 찾지 못하고 고해에 헤매지 않을 수 없고 죄악의 길을 걷지 않을 수 없게 되었습니다. 그럼으로 본회에서는 삼강령으로 공부를 가르쳐 사은사요를 실행케 하나니 정신수양은 우리가 자주력 정신을 얻어 정신이 이리저리 흔들리지 않게 하는 힘을 얻는 공부요, 사리연구는 무엇은 복이 되고 무엇은 죄가 되며 무엇은 옳고 무엇은 그르다는 등 천만 사리를 모르는 것 없이 다 알게 하는 공부요, 작업취사는 내가 안 그대로 정의는 취하고 불의는 버리는 실행하게 하는 공부이며 사은사요는 우리가 인간인 이상 반드시 이 길로 이렇게 저렇게 가라는 것을 밝혀 놓은 것이 아닙니까. 우리가 만일 이 세 가지 힘을 얻어 사은사요를 실행한다면 옷도 그 가운데 있을 것이요 밥도 그 가운데 있을 것이며 집도 그 가운데 있을 것이요 귀(貴)도 그 가운데 있을 것이며 또한 사람으로서 밟아갈 일정한 길을 알 수 있을 것이니 어둠에 싸여 방향을 알지 못하고 헤매는 배가 그 앞길을 인도해 주는 등대를 만난 것과 무엇이 다르겠습니까. 그럼으로 나는 본회 공부의 요도와 인생의 요도가 곧 사바세계 일체중생의 등대임을 알았습니다.

　　　　　　김인철이 원기 20년 을해동선에서 발표한 감상담을 원기 21년 4,5월호인 〈회보〉 제24호에 소개하였다.

　회보 제24호에는 김인철의 감상문 외에도 정관음행의 「마음의 때를 세탁하라」, 김영신의 「총회를 맞이하며 고 아삼산(我三山)선생을 추모함」, 김정종의 「나의 참회」, 박길진의 「참 나를 찾으라」 등의 감상문이 발표되었다.

　또한 을해동선 등을 통하여 전무출신을 서원한 10명을 〈아회의 새일꾼〉이라 하여 각각의 약력을 소개하면서 "새일꾼들의 전도(前途)에 많은 행복이 있기를 바란다"고 하였다.

　전무출신을 서원한 10명은 49세의 박제봉, 27세의 조희석, 26세의 배주선, 21세의 박수권, 23세의 이사국, 21세의 양도오, 37세의 정관음행, 36세의 김인철, 19세의 이창규, 19세의 양도신이다.

마음에 때를 세탁하라

정관음행

　저는 어느 날 나의 소지품인 수건을 빨게 되었습니다. 독감으로 심하게 고생한 후라 말할 수 없이 더러워진 그 수건을 맑고 따뜻한 물에 비눗 물을 섞어 싹싹 빨아내니 그 더러운 때는 어디로 간 곳이 없고 흰눈같이 희고 깨끗한 맛은 나로 하여금 정신을 시원케 하여 주었습니다. 동시에 나의 마음도 이와 같이 희고 깨끗하게 가져 보았으면 하는 생각이 나서 하루 속히 마음의 때를 세탁하여야 되겠다는 감상이 났습니다. 사람의 말은 마음의 소리요 사람의 행실은 마음의 자취니 우리가 불의한 행실을 하지 않고 정당한 입을 놀리기로 하면 먼저 그 근본인 마음을 깨끗이 만들어야 하겠습니다. 또한 마음은 나의 일신을 지배하고 가정을 지배하며 사회를 지배하고 국가를 지배하나니 우리가 만일 자아(自我)의 향상을 도모하고 가정평화를 유지하며 사회의 발달과 국가의 융성을 꾀할진댄 먼저 그 지배자인 마음을 밝고 깨끗하게 만들어야 하겠습니다. 만일 우리의 지배자인 이 마음이 깨끗하지 못하면 물론 행동도 더러울 것이요 말도 더러운 것이며 사회도 더러울 것이요 국가도 더러워질 것을 생각할 때 좀더 이 세상을 의미 있게 살아보려는 사람은 불가불

이 마음의 때를 세탁하지 않을 수 없을 것입니다. 그러나 현대 사람들은 자기의 의복은 빨아 입을 줄 알면서도 마음은 세탁할 줄 알지 못하나니 어찌 통탄치 아니 하리요, 또한 자기의 얼굴에 묻은 때는 거울을 보아가면서 닦을 줄 알면서도 자기의 마음은 닦을 줄 알지 못하나니 어찌 한심치 아니하리요. 그러므로 맹자도 말하기를 「닭이나 돼지 새끼를 잃으면 찾을 줄 알면서도 마음은 잃어도 찾을 줄 아는 자 적다」 하셨고 또 말하기를 「우연히 손가락 하나가 곱아져서 뻗치지 못하는 병이 있다 하면 수백리 수천리라도 그 의원을 찾아 치료하면서도 자기의 굽은 마음은 고칠 줄 아는 자 적다」 하셨으며 또 불가에 어느 조사는 「그 제자가 손에 가지고 갔던 물건을 방심하여 잃어버리고 돌아오니 물건 잃어버린 것은 조금도 아깝지 않으나 그 마음을 잃어버리고 온 것이 심히 밉다」고 하여 그 제자를 벌한 일이 있나니 이는 다 잃었던 마음을 찾아 세탁을 잘하라는 무서운 교훈이십니다. 사람들은 저마다 이해에 빠른 체하고 털끝만치라도 자기에게 해로운 일은 않으려고 애를 쓰건만 참으로 큰 이해는 대조할 줄 알지 못하니 참으로 이해를 말할진댄 손가락 하나 굽은 병이 어찌 마음 굽어진 데에 미치겠습니까. 손가락 하나쯤 굽은 것은 다만 보기만 싫을 뿐이요 우리에게 별스런 해는 끼치지 않으나 만일 마음이 바르지 못하고 보면 모든 행동도 따라서 바르지 못할지니 그 해로움을 어찌 한두 가지로써 말하겠습니까? 우리는 악한 마음을 씻어 선한 마음을 가집시다. 자기의 혈육만을 아는 때 묻은 마음을 씻어 다른 자녀도 가르쳐 줍시다. 나 혼자만 잘 먹고 잘 입으려는 더러운 마음을 씻어 함께 잘 사는 마음을 가집시다. 그런데 저 더러운 수건을 세탁함에는 물과 비누가 있어야 하는 것과 같이 이 마음을 세탁함에는 도덕 훈련이 아니면 아니 됩니다. 저 잡금을 정금으로 만들려면 반드시 불에 넣어 망치를 맞아야 하는 것과 같이 우리도 이 잡되고 때찐 마음을 버리고 깨끗한 마음을 가지려면 반드시 도덕의 훈련을 받아 염불 좌선 회화 강연 일기 등 여러 가지 망치를 맞지 않으면 아니 될 줄 생각합니다. 이를 생각할 때 천행으로 저 자신이 곧 도덕문하에 서게 된 것을 스스로 기뻐하여 마지않았습니다.

●

       경타원 정관음행은 부산 동래에서 태어나 동래 정정의숙(東來 貞靜義塾)을 졸업했다.
  을해동선에 입선하여 훈련생활중에 느꼈던 감상을 원기 21년 4,5월호인 〈회보〉 제24호에 감상문으로 발표하였다.
  그는 동선을 마친 후 총부 순교로 임명되어 각지를 순회하며 교화하다가 초량, 남원, 진주, 용암, 용신 등지에서 교화에 많은 공적을 남겼다.
  정관음행은 그의 아들(치산 김치국)과 자부(방타원 김정국)를 전무출신 하도록 하였다.

사업의 대소에 대하여

정준허

 준허는 본디 궁촌에서 생장한 여자의 몸으로 아무 학식도 없이 가정생활을 하고 지내면서 그 생활에 대하여도 남자에게 많이 의뢰하며 생활해 왔습니다. 그럼으로 근래에 아들 혜환(慧煥)이가 본회에 전무출신하여 회중 사무를 보고 사가를 불고함으로 저는 가사에 때때로 곤란한 일이 있던지 약간의 농사를 다른 사람의 힘으로 지을 때 감독할 사람이 없던지 하면 많이 혜환이를 원망한 때도 있었습니다. 그랬는데 거년 여름에 교무 선생님(구산 송벽조)의 법설에 사람이 세상에 나서 같은 힘과 같은 노력을 들이기로 하면 일 개인의 가정을 위하여 하는 것보다는 공중을 위하여 다하는 것이 그 역사가 더욱 빛나고 그 공적(功績)이 더욱 광대하다는 말씀을 듣고 문득 한 생각을 얻었습니다. 과연 그러할 것입니다. 저 비금주수(飛禽走獸)[37]를 볼지라도 저의 자웅(雌雄)[38]끼리 좋아할 줄 알고 새끼를 낳을 줄 알고 자식을 사랑하여 키울 줄도 알고 또는 강한 놈이 약한

---

37) 비금주수(飛禽走獸) : 날짐승과 길짐승.
38) 자웅(雌雄) : 암컷과 수컷.

놈을 잡아먹고 또한 빼앗아 먹을 줄은 압니다. 사람도 만일 한 가정에 그쳐 제 부부간이나 제 자식의 먹고 살 것을 구하기 위하여 일평생을 그 가정 몇 식구를 위하여 노력하다가 죽으면 인생이 금수보다 영장스럽다는 가치가 어디 있으며 또는 그 결과가 보잘것이 있겠습니까. 고로 전날 석가여래 부처님께서는 한 가정의 사업은 물론 한 국가사업도 오히려 적다 하여 일체 중생을 다 구제하기로 결심하시고 한밤중에 유성출가(踰城出家)하시어 설산고행(雪山苦行) 십이년에 대도를 정각하여 사십구년간을 국한 없는 제도 사업에 헌신 노력하셨으며 공자 같은 대성현도 만중생을 구제하기 위하사 그 사가 생활을 불고하시고 철환천하(轍環天下)[39]에 가진 고생을 다해 가시면서도 오직 대중의 교화사업에 일생 정력을 다하셨나니 그 어른들이야말로 인생의 영장인 가치를 다하신 분이며 사업의 대소(大小)를 진실로 각성하신 분들이 아닙니까? 보십시오. 그 시대의 사람으로 아무리 가정 사업을 잘하고 가정을 잘 위하였다고 오늘날 어느 곳에 그들의 이름이 있습니까 왔다간 자취가 있습니까마는 그 시대에는 비록 알아 주지 못하고 미미한 존재가 되었다 할지라도 공중을 위하여 노력하신 분들은 천추만세(千秋萬歲)를 지낼수록 혁혁(爀爀)한 명망(名望)이 더욱 드러 나고 있지 않습니까. 저는 생각컨대 개인적 가정 사업이나 공중적 도덕 사업이나 노력하기는 일반이라고 합니다. 한 가정을 잘 확창(擴昌)하기로만 할지라도 일심 정력을 다하지 아니하면 성공치 못하고 공중적 도덕사업을 잘하기로만 할지라도 또한 일심 노력이 아니면 안되나니 인생이 출세하여

---

39) 철환천하(轍環天下) : 공자가 교화를 위하여 중국 천하를 두루 돌아다녔음을 말함.

같은 노력을 하기로 하면 남자다운 장쾌(壯快)한 맛으로 보나 결과에 이익의 대소(大小)로 보나 한 가정 몇 식구를 위하여 그 정신과 육신을 희생하는 것보다 하다가 못할지라도 공중을 위하여 그 정신과 육신을 다함이 오히려 났다고 생각합니다. 그러한즉 이 사업의 대소를 조금이라도 각성한 준허(峻虛)는 지금부터는 공중 사업을 위하여 전무출신한 혜환(慧煥)이의 의복 한 가지라도 보호는 할지언정 사소한 가정일의 곤란을 생각하여 조금이라도 원망은 하지 않기로 결심하였습니다.

●

　　　　　진타원(秦陀圓) 정준허는 마령 송상풍의 후처로 결혼하였으나 25세 때 부군이 세상을 떠났다. 그는 청상의 몸으로 부군의 혈육인 송혜환을 친자처럼 양육하던 중 원기 15년 삼타원 최도화의 인도로 입교하여 대도회상에 참예한 기쁨으로 생활했다.

　그는 믿고 의지하던 송혜환(공산)이 전무출신하는데 후원하면서 이 공부 이 사업을 유일한 낙으로 삼으며 정신 · 육신 · 물질 삼 방면으로 마령지부 건축에 헌신하였다.

　정준허의 감상담을 마령지부 구산 송벽조 교무가 수필하여 원기 21년 6월호인 〈회보〉 제25호에 소개하였다.

부정당한 의뢰심을 두지 말라는 데 대하여

이성권

저는 계문을 지키고 안 지키는 것이 우리에게 어떠한 이해가 있다는 것을 절실히 알지 못하고 우선 괴로운 것만 생각하여 항상 마음두기를 사람이 일생을 살아갈 때에 드러나게 악한 죄나 짓지 않으면 그만이지 무엇 때문에 일 많은 인간 생활에 일을 더 사서 계문을 지키라 하는고 하고 혼자서 세상 시비를 다 아는 척하였습니다. 그러하다가 요사이에는 저의 막혔던 눈과 귀가 점점 열리는 증거인지 이제는 사람이 까닭 있게 살기로 하면 계문이라는 것이 퍽이나 필요하다고 절실히 깨닫게 되었습니다. 동시에 본회 30계문을 힘껏 준수하려면 틈 있는 대로 그 중 한 조목씩을 들어 계문을 지키면 우리 개인이나 가정이나 사회국가에까지 어떠한 이익이 있다는 것을 공부삼아 아는 대로 적어 볼까 하여 금번에는 법마상전부 계문 제 3조에 '부정당한 의뢰심(依賴心)을 두지 말라' 하시는 데 대하여 새겨 보겠습니다. 부정당한 의뢰심이라 하는 것은 어떤 일이든지 육신이 멀쩡하여 제 힘으로 능히 할 만한 일을 남에게 의뢰하는 것입니다. 반면에 정당한 의뢰라 하는 것은 정신이나 육신이 늙거나 어리거나 혹은 건강하지 못하여 무슨 일이든지 자력으로 할 수 없어 남의 의뢰를 받는 것입니다. 예를 들면 자력 없는 늙은이가 자녀에게 의뢰하는 것과 자력 없는 어린이가 부모에게 도움받는 것과 자력 없는 병신이 의뢰를 구하는 것은 다 정정당당한 의뢰라 하겠습니다. 그러나 이 세상을 한번 돌아본다면 수많은 인구 중에 무자력하여 남의 의뢰받는 사람은 불과 얼마 되지 않고 대부분이 편히 놀고 먹기 위하여 그 부모나 형제와 자녀나 친척 또는 관계 없는 타인에게까지 의뢰를 구하려 하며 구하다 소원을 이루지 못하면 아무리 친한 사이라도 서로 원수를 맺게 되며 설사 제 소원을 당시에는 이룬다 하더라도 그 사람이 자기 생전을 도와 준다면이어니와 만약 그 사람의 의뢰가 끊어지는 때에는 남은 세상을 어찌 하겠습니까. 그것은 곧 모래로 뚝 쌓기와 같나니 개인 개인이 그와 같이 된다면 그 가정 그 사회 그 국가가 불완전할 것이 사실이니 이 계문 하나 범하는 것이 언뜻 보면 별 것 아닌 것 같으나 그 피해가 많은 사람에게 손실입니다. 제가 말하지 안 해도 다 아시는 바와 같이 우리 조선을 보십시오. 우리가 이와 같이 가난하게 된 것은 2천만 인구 중에 활동하는 사람은 불과 몇백만 인이 되지 못하고 남에게 의뢰하는 사람이 반수 이상이 되는 고로 이와 같이 가난하게 되지 않습니까. 그러니 우리 공부하는 사람은 어떤 일이나 내 힘으로 할 만한 일은 반드시 자력으로 하기를 각성코 실행한다면 뒤의 사람은 자연이 우리를 모범으로 하여 상상키 어려운 행복을 서로 받을 줄 아나이다.

이성권의 감상문은 원기 21년 7월호인 〈회보〉 제26호에 소개된 내용이다.

　이성권은 전주에서 이만영과 박해원옥의 장녀로 태어나 전북여자고등보통학교를 졸업하고 원기 18년에 모친의 인도로 입교하여 전무출신의 뜻을 두고 학원생활을 하였으나 뜻을 이루지 못하고 장씨가에 출가하였다.
　〈회보〉 제26호에는 이성권의 감상문 외에도 송규의 「성질을 잘 골라서 매사에 중도를 잡으라」, 정관음행의 「고해화택을 해탈하자는 데 대하여」, 서공남의 「연고없이 살생을 말라는 데 대하여」의 감상문이 발표되었다.

우리도 창립주가 되려면

이삼중행

　저는 일전 동래(東萊)를 갔다가 오는 길에 창립 도중에 있는 동래 보교를 구경하였습니다. 창립 도중에 있고 물질이 넉넉지 못한 만큼 큰 학생은 물론 7,8세 내지 10여세 되어 보이는 어린 학생들이 제 힘껏 거리가 상당히 먼 해변에서 가는 모래를 져 다가 학교 운동장까지 운반하는 것이 개미떼와 같으며 그 어린것이 무엇을 알아서 하리요만은 남보다 더 많이 지려고 애쓰는 것을 보고 한 감상이 나는 동시에 전일에는 공사(公事)가 무엇인지 사사(私事)가 무엇인지 복을 어쩌면 짓는 것인지. 죄는 어쩌면 짓는 것인지 아무것도 모르고 오직 내 일신 내 가정 조금 나아가 내 부모 내 친척에게 잘만 하면 그 위에 더할 것은 없는 줄 알고 다못 정저와(井底蛙)[40]의 생활을 하던 삼중행이 본회에 입회하여 종사님의 법을 배운 후부터는 국이 좀 넓어지고 지금이 예전과 다름을 깨달았나이다. 전일 같으면 그런 것을 볼 때 다못 어린것들이 모래를 지면 얼마 되어서 저리 할까 어쩌면 어린것들을 저 폭양(曝陽)[41] 뙤약볕에 팥죽 같은 땀을 철철

---

40) 정저와(井底蛙) : 우물 안의 개구리.
41) 폭양(曝陽) : 뜨겁게 내리쬐는 햇볕.

흘리도록 고생을 시킬까 선생도 너무나 인정이 없다하여 그 선생을 원망하며 학생들에게 일 안시키는 것이 위하는 것인 줄로 알 것입니다. 그러나 오늘의 삼중행은 그런 마음이 속거천리(速去千里)[42]하고 오직 위대하고 거룩하게만 보입니다. 비록 나이는 어리고 부지중에 하는 일이나 학교가 아직 창립 도중에 있어 후원이 적고 힘이 약한 이때 모래 한 짐이라도 져다 주는 것이 학교 자체에 있어서 오직이나 기쁘고 감사할 일이랴. 불시(不啻)[43]라 장래에는 이 학교에 통학할 학생이 기천, 기만 명 될지 모르나니 같은 학생 중에서도 이 창립 당시에 와서 흙 한 짐 땀 한 방울이라도 흘려 주는 것이 뒤에 오는 여러 학생들에게 크게 복 짓는 일이 아닌가. 학교가 다 창립된 뒤에 천금을 내는 것보다도 힘이 약한 이때에 흙 한 줌이라도 져다 주는 것이 더 훌륭하지 아니할까. 오 거룩하신 선생들이시여 나는 너희를 선생 삼겠노라. 저 혼자 이러한 생각을 하고 걸어 오던 중 문득 생각을 옮기어 「우리 초량(부산 초량)도 어찌하면 장차 훌륭한 지부를 건설해 볼까」 함이었습니다. 과연 여러분 다 아시는 바와 같이 우리 초량에도 동지가 근 백여명 있기는 있으나 아직까지 장소를 준비하지 못하여 매 예회마다 남의 집을 빌려서 보게 되니 하루 이틀 아닌 이상 어찌 부자유한 점이 없겠습니까. 또한 간판도 없으니 남 보기에 아무 목표 없이 공부하는 것 같지 않습니까. 우리가 이 공부를 안 하려면이어니와 하기로 할진데 불가불 지부는 건설해야 될 줄로 생각합니다. 우리 종사님 말씀에 「배고픈

---

42) 속거천리(速去千里) : 귀신을 물리치는데 어서 멀리 가라는 뜻으로 쓰는 말.
43) 불시(不啻) : 시(啻)는 반어, 부정을 나타내는 한자(不, 뭇, 奚)와 어울러 '그것뿐 아니라 그보다 더' 라는 뜻을 나타낸다.

사람 밥 한 술 주고 옷 없는 사람 옷 한 벌 주는 것도 물론 복이 아닌 것은 아니나 그보다도 더 큰 복은 악한 길로 들어가는 사람을 선한 길로 인도해 주는 것이니라」하셨나니 우리가 남 먼저 공부도 하고 지부도 건설하여 뒤에 오는 여러 사람들을 다 선도로 인도한다면 우리에게 장차 돌아올 복(福)인들 오직 하겠습니까. 또한 배부를 때 밥 한 그릇 주는 것보다는 배고플 때 밥 한 그릇 주는 것이 더 감사한 것이니 우리 지부가 완전히 다 창립이 되고 물질이 넉넉할 때 조력을 하는 것보다도 사람이 적고 힘이 미약한 이때에 눈 한번이라도 깜짝여 주고 고개라도 끄덕여 주는 것이 공이 더 장할 것이 아닙니까. 그러니 우리는 힘 미치는 대로 마음도 합하고 몸도 합하고 물질도 합하여 기어이 우리 초량에도 지부를 건설하고 대성 종사님의 법을 널리 전해 봅시다. 이미 백여 평의 기지가 서게 된 것도 다 우리 동지들의 혈심 노력과 충분한 이해 밑에서 된 줄로 아오나 아직도 그 위에다 건물을 세워야 되겠고 그 뒤에는 좋은 선생님들을 모실 만한 유지비도 있어야 할 것이니 건물이 낙성되고 유지비도 정돈이 다 되고 빚도 다 청장(淸帳)44)하기까지 다 같이 꾸준한 노력이 있어야 할 줄 생각됩니다. 저는 다방면으로 자격이 부족한 만큼 다만 말뿐이오나 창립 도중에 있는 동래보교의 어린 학생들을 보고 우리도 같은 값이면 대도 창립의 초기에 들어와서 창립주가 되는 것이 더 훌륭하지 아니할까 하는 감상이 나서 우리 초량지부 설립에 일조가 될까 하고 두어 말 적었나이다.

---

44) 청장(淸帳) : 장부를 청산한다는 뜻으로, 빚 따위를 깨끗이 갚음을 이르는 말.

이삼중행은 부산 동래에서 태어나 결혼 후 초량에 살았다.

원기 19년 9월, 남부민(현 부산교당)지부가 신축되자 소태산 대종사 이공주, 신영기를 대동하고 신축기념식에 참석하고 총부로 돌아오는 길에 부산역에서 기차를 놓쳤다. 그리하여 소태산 대종사는 김선명화와 그의 딸인 이정혜의 집으로 갔다. 여기서 이정혜, 이삼중행, 이영우, 김통제화, 김삼도화 등을 만났다. 이들은 소태산 대종사의 「마음공부 잘해서 관세음보살 같은 만생령의 어머니가 되어 볼 뜻은 없는가」라는 법문을 듣고 모두들 제자가 되었다.

이들은 남부민지부 예회에 내왕하면서 매주 토요일이면 남부민지부 융타원 김영신 교무를 초청하여 이삼중행의 집에서 야회를 열며 초량에 회관 창설을 논의하여 원기 21년 초량지부를 창설하였다. 이삼중행은 고향인 동래에 다녀오면서 느낀 감상을 원기 21년 6월 7일 초량지부 예회에서 강연으로 하였다.

초량지부 예회록에 의하면,

― 금일은 본소 제47회 예회이다. 오전 10시에 박허주씨 사회로 제반 순서를 밟은 후 「솔성요론 13조」에 김준양씨, 「한번 변합시다」에 서대원씨, 「자주력을 양성하고 의뢰심을 놓읍시다」에 박대완씨, 「우리도 창립주가 됩시다」에 이삼중행씨의 강연이 있었고, 태조사를 마친 후 폐회하다 . ― 하였다.

이삼중행의 감상문은 원기 21년 8월호인 〈회보〉 제27호에 소개되었다.

인일시지기하면 면백일지우니라

임칠보화

저는 나이 40이 넘도록 무엇을 하였는지 남이 아는 글도 모르고 남들 하는 일본 말 한마디도 못하고 오직 사회에 나가면 벙어리 봉사요 가정에 들면 두서없는 살림살이에 골몰(汩沒) 하여 왔습니다. 본래 이러한 자격인 만큼 무엇이 그리 넉넉해서 이런 지상에 글을 쓴다고 쓰겠습니까. 대성 종사님을 뵈온 후부터는 전에 없던 생기가 나서 공부도 한번 잘해 보고 사업도 한번 잘해 보고 싶은 생각이 나며 실상을 알지도 못하면서 항시 좋다는 생각이 나서 요즘으로 말하자면 낙 생활을 하는 중에 있나이다. 그러므로 지금에 쓰는 글도 별스럽게 누구를 각성시키려는 의미에서 쓰는 것이 아니요. 다만 저의 즐거운 마음을 못이기어 쓰는 것이오니 말 아닌 소리는 다 눌러 보아 주시기 바라나이다. 이번에 한 가지 감상된 바는 어느 때 교무 선생님 말씀에「인일시지기(忍一時之氣)하면 면백일지우(免百日之憂)니라」'한때의 일어나는 기운을 참으면 백날의 근심을 면한다' 는 말씀을 듣고 들은 그때에는 꼭 그렇지 하고 명심을 하였으나 본래 무식한 소치로 얼마 안 지나서 그 문자를 잊어버리고 종내 기억을 얻지 못하였던 바 어느 날 아침에 좌선을 좀 하고 변소를 가니 문득 입에서 인일시지기하면 면백일지우란 글귀가 서슴지 않고 나왔습니다. 그래 저는 하도 신기해서 변소에서 무슨 수나 난 듯이 혼자 두렁거리며 글귀를 외워도 보고 뜻도 새겨 보았습니다. 또 마음으로 생각하되 오! 정신이 조용하고 맑으면 모르는 것도 알아지는 것이로구나. 그러니까 우리 종사님께서 좌선을 하라 한 것이 아닌가. 또 오늘 아침에 이러한 글귀가 생각난 것은 오늘 무슨 일이던지 마음에 맞지 않는 일이 있으며 참으라고 사은께서 미리 가르쳐 주시는 일이 아닌가 이런 생각, 저런 생각이 꼬리를 물고 일어났습니다. 아침을 먹고 모든 가산을 정리하고 보니 수십원 가치의 귀중품 두 가지가 아무리 찾아 보아도 어디로 간 곳이 없었습니다. 이 사람 저 사람을 지목도 하여 보고 좋지 못한 말도 하며 실수는 제가 하였건만은 남을 원망하며 ○○○가 가져갔지 하며 제 눈으로 보지도 않은 뿌리 없는 말도 나오려 하고 별별 본병(本病)이 다 도지려다가 문득 아침 글귀가 생각되어 오늘은 모든 것을 참아 보기로 한 날이지 이런 일이 있으려고 사은께서 미리 일러 주신 것을 하마터면 죄를 지을 뻔하였구나 하고 불같이 일어나는 한때의 기운을 꾹 참고 급한 마음을 돌려 서서히 찾아보기로 작정을 하였습니다. 이것이 공부를 많이 하신 여러분에게 있어서는 하기 쉬운 일이요, 시지부지한 소리 같은 말이오나 초학(初學)인 저에게는 큰 무엇이나 얻은 것같이 생각이 되며 본래 무식한 저로는 그 문자가 홀연히 생각난 것이 하도 신기해서 이 말을 적사오며 다음에는 저의 소견 미치는 데까지 인일시지기하면 면백일지우란 글귀 그대로 이 참을 인(忍)자의 공덕이 얼마나 많은가를 기재해 보겠나이다. 과연 우리가 세상을 살아가는 동안 한때 일어나는 기운 하나를 참지 못해서 우리 앞에 돌아오는 고(苦)가 한량없습니다. 우선 제가 지낸 앞에서 말한 일을 말할지라도 만일 그때에 일어나는 기운을 참지 못하고 이 사람, 저 사람에게 혐의를 걸고 욕설을 하여 친한 사이가 성그러지게 된다면 이 얼마나 잘못된 일입니까. 오직 그때의 일어나는 기운을 참음으로써 계문도 범하지 아니 하였고 친한 사이도 성그러지지 아니하였으며 남 보기에 경망한 사람이 되지 아니 하였으니 이는 다 참을 인(忍)자의 덕이 아니고 무엇일까요 또한 우리가 도인이 되지 못하고 악도에 윤회하는 것도 다 한때 일어나는 욕심 기운을 참지 못한 연고이요 동지간에 의가 낮아지고 집안이 화목 안되는 것도 다 서로 용서심이 없고 한때의 기운을 참지 못하는 연고입니다. 그러므로 고인의 글에도 백인당중(百忍堂中)에 유대화(有大和)라 백번 참는 집 가운데에는 크게 화목함이 있다 하지 안 했나이까. 또 옛날에 어떤 사람은 한때에 일어나는 기운을 참아 두 생명을 살린 일이 있나니 이제 그를 소개하겠습니다.

 옛날에 두 부부가 같이 생활을 하다가 남편이 객지에 가서 몇 해를 있다 오니까 웬 머리 깎은 남자 하나가 자기 마누라와 같이 자는 것을 보고 곧 불 같은 마음이 일어나서 칼을 갈아 가지고 두 목숨을 한 칼로 무찌르려다가 문득 생각하기를 오 이 불 같은 마음을 좀 참고 누구인지 알아나 보자. 죽이더라도 알아 본 뒤에 죽이리라 하고 알고 보니 자기 여동생이 그 동안 절에 가서 중이 되어 가지고 남복(男服)을 차리고 왔더랍니다.

 보십시오. 이 한 번 참은 공덕이 어떠합니까. 우리는 공부하는 사람이니 진심(嗔心)이 나도 참아야 하고 탐심이 나도 참아야 하겠나이다. 더구나 우리 초학자는 무엇보다도 참는 공부를 먼저 해야만 여러 사람 보기에 공부하는 보람도 잘 나타나고 속으로 무슨 불만이 있어서 지지고 볶고 하는 일도 적을 줄 믿나이다. 우리는 법설을 들을 때 잠이 와도 참고, 아무 목적 없이 어디를 가고 싶어도 참고, 누구와 싸우고 싶어도 참고, 누구 흉을 보고 싶어도 참습니다. 우리가 모든 일을 하여 갈 때 불의한 일은 다 참고 정의만 취한다면 이것이 도인의 행실이 아니고 무엇일까요. 그러나 입회한 시일이 천단(淺短)하고 공부가 없는 우리로서 아무리 모든 것을 참으려 하여도 마음대로 잘되지 않을 것이니 우리는 일방으로 이 삼대력 얻는 공부를 시작하는 동시에 우리의 심력 미치는 데까지 한 가지를 참고 두 가지를 참아 열에 한두 가지라도 참아 간다면 이것이 우리에게 복이 되고 쉽게 도인이 될 줄 생각하옵고 변변치 못한 말로써 이만 그치나이다.

　　　　　　영타원(永陀圓) 임칠보화는 마산에서 고을 원님의 딸로 태어나 박원숙과 결혼하여 부산에서 화락한 가정생활을 영위하며 삼보(三寶)를 지극히 받들고 불사를 많이 했다.

　원기 20년 임기선의 인도로 입교하여 사은에 대한 법문을 듣고 대도정법임을 깨달았다.

　그는 남부민지부 융타원 김영신 교무를 초량 자신의 집에 상주케 하는 한편 여러 동지들의 식사까지 받들며 동지를 규합하여 초량지부 창립기금을 준비하여 지부 창설에 노력했다.

　대공심, 대사업으로 활동을 하다 고향인 마산에 지부 신설을 염원하며 전

재산 20만환을 일시에 희사하여 지부설립 기금을 세웠다.

초량지부 예회록에는 임칠보화가 예회에서 회보 소개와 강연을 몇 차례 하였으나 「인일시지기 하면 면백일지우니라」라는 주제로 감상담 또는 강연을 한 기록이 없어 발표한 날짜는 알 수 없으나 원기 21년 8월호인 〈회보〉 제27호에 감상문이 소개되었다.

방직 공장을 구경한 감상

이출진화

  저는 한때에 어떠한 친우의 안내로 경성에 이름 높은 방직공장을 구경하게 되었습니다. 첫발을 정문에 들여놓자 그 웅대한 규모와 거대한 설비는 저의 시선을 놀라게 하였습니다. 그 반절은 공중에 솟아 있는 벽돌집을 옥으로 만든 듯한 건물로 보기에도 엄청나게 웅장하며 광대(廣大)한 대지를 점령하였고 각종 각양의 많은 직물은 큰 창고에 태산같이 쌓여 있으되 삼엄한 장내(場內)에 질서 있게 배치된 수백대의 기계는 신기난측(神奇難測)한 작용을 자동적으로 하는 가운데 순간에 찬란스러운 각종 피륙[45]이 쏟아져 나오는데 여기에서는 누구나 과학 만능의 기술을 경탄하지 않을 수 없습니다. 재래 우리 조선 어머니들이 베틀에 올라 잉아[46]를 걸고 북을 잡아 손과 발을 운전하여 하루 몇 자의 베를 짜는 정도에 비교하면 얼마나 큰 발달이라 할까, 다시 시선을 돌려 직공들의 작업 현황을 보게 되었습니다. 저 참담하고 딱한 형편은 저의 신경을 자극시키며 음

---

45) 피륙 : 옷감들에 쓰이는 필로 된 포목의 총칭. 천.
46) 잉아 : 베틀의 날실을 한 칸씩 걸어서 끌어 올리도록 맨 굵은 실.

울한 귀신굴 같은 장내에 증기는 호흡을 통하지 않게 하며 악취는 코를 찌르는 듯 그 중에도 천진난만한 소년 여성들은 보기도 흉한 작업복을 몸에 걸치고 몰려오는 양떼와 같이 기계 밑에 매달려 천연스러이 전 정력을 희생하고 있는 그 모양은 가엾은 생각을 금할 수 없었습니다. 일하고 먹으니 잘 먹어야 할 것인데 먹지 못하여 영양 부족이 되었는지 창백한 그 얼굴은 본래 가지고 온 혈색조차 잃어 버렸으며 자기의 손으로 짜내었으니 잘 입어야 할 것인데 그네들은 비단 주단을 남에게 다 주고 낡은 의복을 입었으니 이것이 인간의 상도(常道)라 할까, 천지의 정리(定理)라 할까, 이러한 공상으로 한참동안 침묵에 잠겼더니 뒤를 이어 저의 생각은 다른 방면으로 전환이 됩니다. 처음에는 가엾게 보이던 저네들이 도리어 씩씩한 용사로 보입니다. 내 힘으로 살아가자, 내 손으로 내일을 개척하자는 고함을 치며 씩씩하게 싸워 가는 용사가 아닌가. 저네들은 이 사회에 쓸데없이 놀고 입고 먹는 유한계급을 타매(唾罵)[47]하며 책망하는 것같이 보입니다. 또는 더욱이 느낀 바 있나니 저는 이미 사은을 모신 사람으로서 동포의 은혜를 상상적으로만 생각할 뿐이었더니 오늘 이 자리에서 진정한 은인을 현실적으로 대면하였으며 곧바로 깨달았나이다. 이 몸이 입은 옷도 저네들의 손에서 나온 것이 아닌가. 저네들은 나를 위하여 일하는 은인이며 대중을 입히려고 애쓰는 천사들이 아닌가. 저는 반평생이 넘도록 4계절을 입으면서도 그 소종래(所從來)를 알지 못하다가 이제야 그 은인을 만나니 너무나 부끄러운 일이라 하겠나이다. 아 두 손길을 뻗치고 물을 퉁기

---

47) 타매(唾罵) : 침을 뱉고 욕을 함.

며 아무 하는 일 없이 놀고 입고 먹는 여러분이여, 자기 몸에 추운 때에 따뜻한 옷과 더울 때에 서늘한 옷 4계절을 따라 공급하여 주는 것이 모두 저들의 약한 손과 뜨거운 땀으로 빚어 낸 것이 아닌가. 저네들이 아니면 추위에 떨고 더위에 시달릴 우리들이 아닌가. 어찌 조금이라도 저네들을 무시하며 잊으리요. 그러나 혹 어떠한 분은 자기의 귀한 돈을 준 것이라 할는지 모르나 돈만 가지고 살 수 없는 것은 사실입니다. 옛 사람의 말에 "하루 한 끼 싸래기를 먹어도 항상 농부의 공로를 생각하라" 하며 "몸에 한 실마리를 입더라도 항상 길쌈[48] 하는 여자의 수고를 생각하라" 하였나니, 참 진리의 말입니다. 이로부터 나를 입혀 주는 저 동포의 은혜를 느끼는 동시에 한 걸음 더 나아가 일반 동포의 은혜를 절실히 느끼었나이다. 일일시시로 먹고 입고 거주하고 동작하여 생활을 지속하는 것이 우연한 것이 아니오, 그 속에는 반드시 공급해 주는 은인이 숨어 있나니 사농공상의 여러 동포가 밤낮으로 애를 쓰고 노력하지 않습니까. 어떤 동포는 농사를 지어 밥을 주며 어떤 동포는 베를 짜서 옷을 주며 어떤 동포는 기술을 가져 주택과 기구(機具)를 주며 어떤 동포는 물품을 교환하여 유무(有無)를 상통하여 주나니 어느 것이 동포의 은혜 아님이 없나이다. 우리는 남이 지어준 밥만 먹고, 남이 지어준 옷만 입고, 지어준 주택과 수용품을 사용하면서 반드시 사람이 할 의무를 찾지 못하고 다못 이기적 생활로 그날 그날을 지낸다면 은혜를 준 저 동포에게 배은의 죄인이 되지 않을까. 그러하오니 반드시 사은의 대의를 각성하여 자신 안락에만 그칠 것이 아니라 아무

---

48) 길쌈 : 실을 내어 옷감을 짜는 모든 일을 통틀어 이르는 말.

쪼록 힘에 미치는 데 까지는 공중에 이익 주는 일을 하여 사은의 은혜에 만분지 일이라도 갚아 가는 것이 떳떳한 의무라고 생각하였습니다.

홍타원(洪陀圓) 이출진화는 함경남도에서 태어났다. 그는 결혼하여 총부 인근에 살면서 오타원 이청춘의 인도로 원기 12년에 입교하였다.

원기 14년에는 서울로 이사하여 경성출장소 요인이 되어 상경하는 동지들에게 식사 대접이며 관광안내를 하였었다.

이출진화의 감상문은 원기 21년 9월호인 〈회보〉 제28호에 소개되었다.

원기 23년 41세시에 부군이 열반하자 가산을 정리하고 이듬해 총부로 와 전무출신을 서원하고 소태산 대종사의 시봉에 전심을 다 하였다.

정법을 찾은 나의 기쁨

오성창

　성창은 세상 생활에 얽매여서 한번도 전문공부를 하지 못하고 예회만 참석하며 다만 신앙심만은 남에게 뒤지지 않겠다는 생각을 가지고 지내 왔습니다. 하루는 야회(夜會)를 보기 위하여 저녁 식사 후에 마령지부 회관을 향하여 갈 때 달빛도 없는 어두운 밤이라 도로를 분별치 못하여 걷기가 어렵더니 마침 한 동지가 밝은 전등(電燈)불을 가지고 나와서 앞길을 인도하여 줌으로써 좌우에 있는 논과 험준한 가시밭길을 무사히 지나서 회석(야회)에 참례한 일이 있는 동시에 따라서 한 감상이 났었습니다.

　그것은 다름이 아니라 그때같이 어두운 밤에 만일 전등불이 아니었더라면 동서를 분간치 못하여 다른 길로 가기도 쉽고 논과 구렁에 빠지기도 쉬울 것이어늘 아무 이상 없이 도달하게 된 것은 오직 그 밝은 전등불이 은혜라 아니 할 수 없습니다. 그러면 그 전등이 어두운 밤에 앞길을 인도함과 같이 이 세상 우매한 중생의 앞길을 인도하여 악도 고해의 구렁에 빠지지 않게 하는 것은 그 무엇인가. 그것은 곧 예로부터 제불제성(諸佛諸聖)들이 내어 놓으신 정법이라고 생각합니다. 즉 요순 공맹(堯舜孔孟)[49]은 삼강오륜과 인의예지를 밝혀서 우리 인류로 하여금 인류 도리를 닦고 안녕 질서를 유지케 하셨으며 과거 모든 제불조사(諸佛祖師)들은 불생불멸의 진리와 인과보응의 이치를 밝혀서 무지한 중생으로 하여금 악도 고해를 면하게 하셨나니 이것이 곧 정법의 인도라고 하겠습니다. 그러나 모든 인간들은 눈앞의 욕심을 채우기 위하여 그 정법의 옳은 길을 밟은 자가 드뭅니다. 따라서 우리 보통 사람들의 희망과 방향을 본다면 혹은 허위 미신에 끌려서 요행과 빨리 이루어지기를 바라고 혹은 힘 안들이고 공적(空寂)[50]의 길을 찾아서 신기 묘술을 바라며 혹은 세상 오욕에 탐착하여 결국 허다한 세월을 헛되이 보내는 자 그 수를 헤일 수가 없이 많나니 실로 정법이 드러나지 못한 세상이란 곧 고해라 아니할 수 없을 것입니다. 그럼으로 우리 종사님께서는 공부의 요도 삼강령 팔조목과 인생의 요도 사은사요의 제생의세(濟生醫世)[51]하는 대도정법을 내어 놓으시어 우매한 우리의 앞길을 선도로 인도하시기에 노력하시니 그 어찌 감사할 바 아니오리까. 그러하니 삼강령 공부를 하는 우리들은 아무쪼록 정신수양을 잘하여 모든 미신 요술과 불의한 오욕에 흔들리지 아니 할 자주력을 준비하고 사리연구를 잘하여 대소유무와 시비이해에 밝아서 사실과 허위를 분간하며 죄복의 근원을 알만한 지혜력을 준비하고 작업취사를 잘하여 그 알아서 얻은 사실되고 정당한 일은 행하고 허망하고 부당한 일은 행하지 아니할 만한 실행력을 얻은 후에 인도 정의

---

49) 요순공맹(堯舜孔孟) : 중국의 요임금과 순임금 그리고 공자와 맹자.
50) 공적(空寂) : 만물은 모두 실체가 없고 상주(常住)가 없다. '공(空)은 어느 것도 형상이 없음을 이르고, 적(寂)은 일어나거나 쓰러짐이 없음'을 이른다.
51) 제생의세(濟生醫世) : 일체 생령을 도탄으로부터 건지고 병든 세상을 치료한다는 뜻.

되는 사은사요를 실천 궁행한다면 곧 우리 인생은 허망한 길을 밝아서 노이무공(勞而無功)[52]이 되거나 악도에 타락이 될 염려가 없을 것이며 항상 앞길이 평탄하고 광명할 줄로 압니다. 그러면 본래 궁촌에 생장하여 무식하고 암매(暗昧)[53]함으로 옥과 돌을 분별치 못하던 성창이가 대성 종사주을 만나 뵈옵고 대도정법 창립초에 참례하여 허망하고 위태한 길을 초탈하고 광명한 길을 밟아서 영원한 혜복을 구하게 된 것은 마치 어두운 밤에 불을 만나 위태한 험로를 무사히 지나서 편한히 야회를 보게 된 것과 조금도 다름이 없다는 생각이 나서 몇 말씀 기재하였습니다.

　　　　　　오성창은 마령지부 창립주의 한 사람인 이원륜의 딸로 원기 13년에 정타원 성성원의 인도로 입교하였다.
　신심이 장하여 예회에 빠지지 않고 법을 지중히 여겼다. 그의 감상문이 원기 21년 9월호인 〈회보〉제 28호에 소개되었다.

---

52) 노이무공(勞而無功) : 노력은 하였으나 보람이 없음.
53) 암매(暗昧) : 어리석어서 생각이 어두움.

길 잃은 제비를 보고

정관음행

　하선 결재식을 하는 중 우연히 제비 한 마리가 대각전 안으로 들어와서 나갈 길을 알지 못하고 황황히 돌아다니기를 수없이 하였습니다. 그때에 어린아이들은 무슨 수나 난 듯이 호기심으로 그것을 한번 붙들어 보았으면 하고 이리저리 쫓을 기세를 보였으나 어른들의 괴롭게 하지 말라는 제재에 드디어 중지되고 대중의 마음은 도리어 그 제비를 동정하여 무사히 문을 찾아 나가게 하였습니다. 그것을 보고 한 감상이 나기를 저 제비도 처음 대각전에 들어 올 때는 그 무엇을 구하려고 들어왔는지 또는 아무 생각 없이 날다가 부지중 문을 따라 들어왔는지 이제 그 진정은 꼭 알 수 없으나 만일 무엇을 구하려고 왔다면 아마 이 화려한 전각을 보고 제비 집터를 구하는 데에 욕심이 났던지 그것이 아니라면 아무 생각 없이 부지중 들어 왔다가 그와 같이 황황한 경우를 당한 것이 아닌가 합니다. 그러나 다행하게도 이 같은 도인들의 회상을 만났으니 저의 몸에 아무 해 없이 그저 남은 목숨을 보존하여 다시 자유의 몸이 되었지마는 만일 무지한 촌가에 들어갔었다면 철없는 아이들이 그저 둘 리가 있겠습니까. 붙들리기만 하면 죽기가 십상팔구(十常八九)요 천행으로 혹 죽지는 않는다 할지라도 죽을 곤액(困厄)⁵⁴⁾을 당할 것은 말하지 않아도 능히 알 일입니다. 그러면 제비만 그러한 경우가 있는 것인가 생각해 본다면 우리 사람에게도 또한 그와 같은 행동이 사실 많을 것입니다. 왜 그러냐 하면 사람이 세상에 살 때에 만족하지 않고 욕심을 여의지 못하여 그 욕심으로써 모든 사물을 응용함에 비례(非禮)⁵⁵⁾의 재색명리가 눈앞에 찬란하면 자연히 정신이 마취되어 그 뒷면에 어떠한 위험 기관이 숨어 있는 줄을 알지 못하고 제비가 저의 집터를 탐하여 대각전에 들어오듯이 그 오욕경계를 무난히 뛰어 들다가 혹은 크게 위험을 느끼고 황황히 나가는 자도 있으며 혹은 아주 그물에 걸리어 죽게 되는 자도 있나니 그것은 다 욕심이 위험한 곳에 들게 하는 이유요 또는 별다른 욕심의 목적은 없다 할지라도 세상을 살아가는 데 아무 도가 없이 갈 데나 안 갈 데나 함부로 다니다가 저 제비가 부지중 대각전에 들어오듯이 어느 영문인지도 알지 못하고 우연히 큰 그물에 걸리는 자도 있을지니 그것은 다 철없는 행동으로부터 위험한 곳에 들게 되는 것이라 할 것입니다. 그러나 그 제비가 비록 대각전에 들어왔다 할지라도 집안의 내용을 잘 짐작하여 들어오는 길과 나가는 길을 미리 알았다면 거기에 무슨 곤란이 있으며 사람이 비록 세상의 욕계(欲界)에 출입한다 할지라도 그 죄복의 이치를 알아서 도로써 들어가고 도로써 나온다면 거기에 또 무슨 환란(患亂)⁵⁶⁾이 있겠습니까. 그런즉 제비는 그 출입하는 문을 찾지 못함으로 그와 같은 고통을 받게 되었고

---

54) 곤액(困厄) : 몹시 딱하고 어려운 사정과 재앙이 겹친 불운.
55) 비례(非禮) : 예의에 어긋남.
56) 환란(患亂) : 근심과 재난.

사람은 그 출입하는 도를 알지 못함으로써 그와 같이 환란을 당하나니 그러면 사람과 제비가 비록 형상은 다르나 합하여 말하자면 다 같이 어리석다고 하지 않겠습니까. 우리도 그 어리석은 한 분자로서 우연히 대도회상를 만나서 사람의 행할 바 도를 배우며 따라서 영원히 안심입명할 본원처를 찾게 된 것은 어찌 무상(無上)한 행복이 아닐까요. 그런즉 우리 일반 동지는 도를 배우는 중에도 더욱 정신을 다하여 공부요도인 삼강령을 실행한다면 아무리 세상이 위험하고 또 흉흉할지라도 우리의 앞길은 항상 안전할 것이며 자연이 어리석은 동물의 류에 벗어나서 시방세계에 걸림 없는 생활을 하며 따라서 고해중생을 제도하는 큰 능력도 넉넉히 얻으리라고 생각합니다.

경타원 정관음행이 입교 후 원기 20년 을해동선에서 전무출신을 서원하였다. 원기 21년 총부 순교로 임명되어 각지를 순회하며 교화하던 중 원기 21년 제22회 총부 정기훈련 즉 병자하선(음5.6~8.6)에 입선하였다.

하선 결제식은 오전 10시부터 대각전에 모여,

개식, 회가, 심고, 종사주 훈사, 담임교무 회고, 재선규약급 과정 설명, 입선인 보고, 결제가, 폐식 순으로 진행되었다.

결제식 진행 중 대각전에 들어온 제비 한 마리를 본 정관음행의 감상문을 원기 21년 9월호인 〈회보〉 제28호에 소개하였다.

가치 있는 인생이 되기로 하면 규칙의 훈련을 받아야 한다

김성천화

저는 한 때 어느 병원에 문병차 간 일이 있었는데 그 병원 앞 정원에 심은 각종 화초와 여러 가지 나무를 본즉 혹은 칼로 가지를 끊고 혹은 톱으로 줄기를 썰어 낸 것도 있으며 혹은 노끈으로 잡아맨 것도 있고 혹은 철사로 얽어 놓은 것도 있었습니다. 그래서 처음 보기에는 사람이 초목에 대하여 너무나 압박을 가한 것같이 생각이 되었으나 차차 보아 나간즉 그와 같이 끊고 베고 한 것이 도리어 취미 있고 격에 맞게 보일 뿐 아니라 다른 사람에게 물어본즉 그 나무 가운데에 한두 개만 들어 말할지라도 팔기로 하면 대개 몇십 원 몇 백 원은 받을 것이라고 합니다. 저는 그 말을 들을 때 문득 한 감상이 났습니다. 저 나무로 말하더라도 허다한 나무 중에 그와 같이 남의 눈에 좋게 보이고 또는 값 있는 물건이 되는 것은 격에 맞는 규칙의 제재(制裁)를 받은 까닭입니다. 혹은 규칙의 제재를 받지 않는다 하더라도 잘 되는 것도 있지만은 그것은 참으로 드물고 대개는 같은 나무 가운데에도 이 규칙의 제재를 받지 않는 나무는 남의 눈에 그와 같이 좋게 보이지도 아니하고 따라서 가격도 몇 푼에 불과할 것은 사실입니다. 이 일로 볼진대 그리 중하지 않는 초목도 가치 있는 물건이 되기로 하면 반드시 격에 맞는 규칙의 제재를 받아야 하거늘 하물며 초목보다 우월한 만물의 영장인 인생으로서야 그 규칙의 훈련을 받을 필요를 말할 것까지도 없다고 생각하였습니다. 사람도 규칙의 훈련을 받지 않고라도 선천적으로 선량한 인격을 이루어지는 이가 있지만은 대개는 처음 출생할 때는 선량하다 하더라도 차차 장성되는 대로 오욕이 발동됨을 따라 저 나무에 못쓸 줄기와 불규칙한 가지가 뻗어 나오는 것과 같이 부지중 못쓸 욕심이 길어 나고 못쓸 습관이 뻗어 나오게 되는 것인데 만일 이것을 그대로 두면 저 나무가 제재를 받지 아니하고 그대로 커서 보기도 싫고 가치도 없는 것과 같이 사람도 귀염을 받지 못할 것이요 가치도 없을 뿐아니라 도리어 낙오자가 되고 말 것입니다. 그러므로 사람이 태어나고 보면 저 나무가 정원의 주인을 만나듯이 정당한 입각지(立脚地)⁵⁷⁾를 골라 신앙의 주인을 정하고 정의 도덕의 훈련을 받되 저 나무의 못쓸 줄기와 불규칙한 가지는 칼로 끊고 톱으로 썰고 노끈과 철사로써 얽어매 놓듯이 부당한 욕심과 습관이 동하거든 규칙의 금강이도(金剛利刀)⁵⁸⁾로 끊으며 규칙의 톱으로써 썰어내며 규칙의 노끈과 철사로써 얽어 매어놓아서 불의한 곳으로는 가지 아니하고 불의한 습관은 조금도 들지 않게 하는 반면에 정의의 양심을 북돋우며 정당한 습관만으로 양성할 것입니다. 그런다면 저 나무도 규칙 있게 양성을 시켜 놓으면 모든 사람의 귀염도 받고 가격도 고가를 받는 것과 같이 사람도 그러한 인격을 이루고 보면 그 사람은 모든

---

57) 입각지(立脚地) : 근거로 하는 처지. = 입각점.
58) 금강이도(金剛利刀) : 금강으로 만든 칼은 아무리 단단한 물건도 끊어버릴 수 있듯이 밝은 지혜는 어떠한 무명 번뇌도 물리칠 수 있으므로 금강이도라 한다. 금강도, 활인도라고도 한다.

사람이 존모(尊慕)할 것이요 간 곳마다 환영할 것이며 수신제가치 국평천하에 당하는 대로 성공하여 참으로 가치 있는 인생이 될 것입니다. 그러하니 인생된 자는 반드시 규칙의 훈련을 받아야 할 것이며 규칙의 훈련을 받은 자 반드시 가치 있는 인생이 될 것이라고 생각합니다.

●

유타원(有陀圓) 김성천화는 원기12년 60세에 김만공월의 인도로 소태산 대종사를 배견하고 입교하였다. 그러나 그가 살고 있는 관촌은 총부와의 거리도 멀고 가정형편상 출입에도 불편이 많아 거주지인 관촌에 지부설립을 발원하였다.

원기 20년 관촌에 출장소가 설립되자 이듬해부터 주무로 교당 발전에 주력하였다.

김성천화는 원기 21년 8월 24일 예회에서 감상담을 발표하였다.

8월 24일 관촌출장소 예회록에 의하면,
— 금일은 오후 1시반에 김보현씨 사회로 개회하고 각 항 순서를 마친 후 「쟁투를 말라」는 제로 이수정완, 이창규 양씨의 설명이 있었고, 김성천화, 이경원, 김본무행, 권춘원 제씨의 감상담이며, 「화복이 나의 짓는 데에 있다」란 제로 조갑종씨의 강연이 있은 후 각인의 경강과 태조사를 마치고 폐회하다. —라 하였다.

김성천화의 감상문은 원기 21년 10월호인 〈회보〉 제29호에 소개되었다.

우리의 목적을 성공하려면
부단의 정성이 필요하다

김성명화

　부산에는 작년 겨울부터 저의 집 앞에 있는 큰 바다 한편을 막아 통행로를 만들기 위하여 수십 명의 인부와 수십 척의 배를 들이대어 공사를 착수하였습니다. 저는 매일 그 공사하는 것을 보던 바 그 바다로 말하면 원래 깊고 넓은지라 몇 달 동안을 막아도 막은 형적(形跡)이 없었습니다. 그럼으로 모든 사람들은 말하기를 할 일이 따로 있지 어찌 사람의 힘으로써 저 망망한 바다를 막아 육지로 만들 것이냐고 하였습니다. 그러나 그 인부들은 풍우한서를 불구하고 처음부터 오늘날까지 쉬지 않고 돌을 실어다 붓더니 이제는 물위로 돌 무덤이가 드러나서 불원한 장래에 도로가 되게 되었습니다. 이것을 보게된 저는 문득 한 감상이 났습니다. 아 옛 성인의 말씀에도 「정신소도(精神所到)에 금석가투(金石可透)라」 혹은 「정신이 지극하면 지성이 감천이라」 하시더니 과연 저 사람들로 말하면 간단없이 시종이 여일하게 정성을 드리어 공사를 계속하는 머리에 저 무서운 바다를 막게 된 것입니다. 그러면 어찌 저 바다 공사뿐이겠습니까. 이 성명화는 동정간 공부하는데 부단(不斷)의 정성은 들여 보지도 않고 공부가 잘 안되며 알아지는 것이 없다고만 근심하였습니다. 이 얼마나 어리석은 일이겠습니까. 우리 공부하는 것으로 말한다 하더라도 저 인부들이 부단의 정성으로써 바다를 막아 육지로 만들 듯이 공부심을 항상 놓지않고 오직 육근동작 할 때마다 본회 공부의 요도인 삼강령을 드리 대어 삼대력을 익히며, 인생의 요도 사은 사요를 유루(遺漏)[59] 없이 행하여야만 우리의 목적한 바 성불을 할 줄 알았습니다. 본래 도덕(심리,心理)) 공부라 하는 것은 한없는 세상을 닦아야 성취하는 것이거늘 만일 단번에 공부가 잘 아니 된다고 낙심을 하는 것은 마치 천리의 먼 길을 가려는 사람이 두어 걸음 걷고 목적지에 도달하지 못한다고 근심함과 같나니 우리는 이 점을 각성하여 목적지인 최고 절정에 갈 때까지 부단의 정성심을 놓지 말고 동정간에 부지런히 공부를 하지 않으면 아니 되겠다는 생각이 나서 두어 마디 적어 보았습니다.

───

　　　　성타원(性陀圓) 김성명화는 이타원 장적조의 인도로 원기 16년 8월에 입교하였다.
　하단지부 창설에 노력하였고, 남부민지부 창설을 위해 자신의 집에서 출장예회를 보도록 하였으며 회관 신축에 큰 몫을 하였다.
　원기 18년 박허주의 집에서 소태산 대종사를 뵙고 남은 생애를 이 공부, 이 사업에 헌신하기로 결심하였다. 이로부터 일가친척과 이웃의 비방과 조소에도 불구하고 이 법만을 위하는 일념으로 살았다.

---

59) 유루(遺漏) : (주로 '없다' 와 함께 쓰여) 빠져 나가거나 새어 나감.

원기 21년 6월 27일 남부민지부 예회겸 남부민지부 제5회 정기훈련 즉 병자하선(6.27~ ?)을 결제하였다.

원기 21년 10월호인 〈회보〉 제29호 남부민지부 근황에 의하면,

- 본 지방 금년 하선객은 대개가 자유선이니 그 수효는 20여명이요 그중에는 7~8명의 씩씩한 청년 선꾼이 매일 꾸준히 참석하야 한없는 낙생활을 합니다. 그리고 6,70되시는 노인이라도 회화 강연이 느러서 입만 벌리면 금언옥설이 쏘다져 나온답니다.

그뿐만 아니라 선원 외의 회원이라도 금번 법가 왕림시(7월15경~8.6) 근 일주일간을 교리강습을 받은 결과 우리 공부에 많은 이해가 생기섯담니다 -라 하였다.

남부민지부 회원들은 하선중에 소태산 대종사의 교리강습에 참여하였고 7월 17일에는 소태산 대종사가 남부민지부 예회에서 「불법혁신내력」에 대한 법설을 하여 받들었다.

하선 중 7월 7일 예회록에 의하면,

- 금일은 본소 제63회의 예회겸 단회일이다. 오전 10시에 오종태씨 사회하 제반 순서를 마치고, 자유감상담에 김성명화씨, 「불법의 대의」란 제로 김영신씨, 「공부진행순서」에 조전권씨의 강연이 있은 후 휴회하였다가 오후 2시에 속회하야 「단 내력 설명과 단원의 단합심」이란 제로 오창건씨의 강연이 있었고 태조사를 마친후 폐회하다. -라 하였다.

김선명화가 하선에 입선하였는지는 입선인 명단이 기록으로 남아 있지 않아 알 수 없으나 7월 7일 예회에서 「우리의 목적을 성공하려면 부단의 정성이 필요하다」라는 감상담을 발표한 것으로 볼 수 있다.

그의 감상문은 원기 21년 10월호인 〈회보〉 제29호에 소개되었다.

인격 양성에 대하여

조전권

　저는 어느 때에 종사주께옵서 말씀하시기를 「사람의 인격을 논하자면 무엇에나 결함 없고 쓸모 많은 사람을 일러 참 인격자라고 보나니 결함이 없다는 말은 즉 외형에도 별 고장이 없이 잘 생겼으며 내면에도 그 지식과 행실이 충분하여 아무데도 숭(흉)잡을 데 없는 자를 일러 결함 없는 인격자이라고 하는 것이며 그와 반대로 육체도 구비(具備)하게 잘 생기지 못하였고 지식과 실행도 충분치 못하여 한 가지도 쓸모가 없는 자를 일러 인격 불성자(不成者)라고 하는 것이다. 그 다음은 외형은 좀 못 생겼다 할지라도 그 지식이 풍부하고 행실이 얌전하여 내면에 흠된 점이 없고 보면 또한 둘째 인격은 되나니 그러한 사람은 처음 볼 때에는 혹 인물이 못 생겼다 하여 무시하는 사람이 있다가도 차차 오래 교제하여 그 지식과 행동을 알게 될 때는 그만 그 무시하는 생각을 도리어 어리석게 돌리고 필경에는 그 사람을 더 가치 있게 보아 위를 높여 주게 되는 것이며 그 반면에 외형은 그럴 듯하게 잘 생긴 사람이 내면은 무식하

---

60) 구비(具備) : 있어야 할 것을 빠짐없이 다 갖춤.

여 아무 보잘것이 없다든지 행실이 부정하여 인도에 탈선된 일이 있다면 비단 주머니에 똥든 것과 같아서 모든 사람이 처음 볼 때에는 존경과 친절을 주다가도 그 지식과 행동을 알게 될 때는 그만 가치 없이 보는 동시에 처음 대우가 모두 없어지고 마는 것이다. 그리고 또 그 다음은 외형과 지식은 혹 부족하더라도 그 마음이 얌전하여 행실을 잘 가진다면 능히 셋째 인격은 되나니 그러한 사람은 비록 현 사회에 널리 활용은 못한다 할지라도 경우에 따라 혹 신임처(信任處)가 있는 것이며 그 반면에 외형과 지식은 비록 충분하더라도 그 마음이 불량하여 행실에 위험성이 있다면 아무리 형식은 구비할지라도 한 가지 일에도 능히 신임을 받지 못하는 것이며 그뿐만 아니라 본래에 인물이 준수하고 지견이 풍부하며 행실이 얌전하여 구족한 인격을 이룬 사람도 중도에 혹 어떠한 사심이 동하여 뜻 밖의 계문을 범과하여 한번 그 신용을 잃고 보면 과거에 가져오던 그 인격도 도리어 타락될 수가 있는 것이니 그러한 사람은 처음에는 비록 중요한 인물로 있었다 할지라도 차차 겉사람이 되며 쓸모 없는 사람이 되고 마는 것이다. 그러니 너희도 쓸모 많고 가치 있는 일꾼이 되려면 회칠(灰漆)[61]한 벽과 같이 외형만 꾸미지 말고 내면을 충실히 하여 무엇보다도 먼저 욕심을 끊어 계행을 청정히 하고 그 다음은 배우는 데에 정성하며 직무에 근실하여 이 일을 맡기면 이 일을 잘 하고 저 일을 맡기면 저 일을 잘할 만하여 쓸모 많은 사람이 되며 나아가 없던 위(位)를 작만하는 사람은 될지언정 있던 위(位)를 타락시키는 자는 되지 말라」 하시던 말씀을 들은 일이 있었

---

61) 회칠(灰漆) : 석회를 바르는 일.

습니다.

저는 이 법문을 들은 후 얼마 지나지 아니하여 다시 실지적 감상된 바가 있었으니 그것은 다름이 아니라 어느 때에 긴요한 그릇 한 개를 사기 위하여 시장에 가서 보니 그릇 장사가 그 수많은 그릇을 상중하로 진열하였는데 혹은 모양도 좋고 쓸모도 많은 그릇도 있고 혹은 모양은 부족하나 쓸모 많은 그릇도 있으며 혹은 쓸모는 부족하나 모양은 좋은 그릇도 있으며 혹은 모양과 쓸모가 다 부족한 그릇도 있었습니다. 그리하여 한참 동안을 지체하여 여러 사람의 사고 파는 것을 살펴본즉 모양도 좋고 쓸모도 많은 그릇은 찾는 사람도 많고 값도 고가로써 판매되며 모양은 조금 부족하나 쓸모가 많은 그릇은 값은 좀 헐할지라도 찾는 사람이 많으며 쓸모는 조금 부족하나 모양이 좋은 그릇은 같은 값에 찾는 사람이 적으며 모양과 쓸모가 다 부족한 그릇은 값도 훨씬 헐하고 찾는 사람도 별로 없으며 또는 모양도 좋고 쓸모도 많게 보인 그릇으로서 한 곳에 놓여 있으되 찾는 사람이 적고 값도 아주 헐한 것도 있는지라 저는 하도 이상이 여기어 그 좋게 보인 그릇을 자상히 검사해 본즉 이는 다 어느 곳에 흠이 있는 그릇인 것을 발견했습니다.

그리하여 저는 종사주 법설을 더욱 감탄하며 혼자말로 비교하기를 모양도 좋고 쓸모도 많은 그릇은 내외가 다 구비한 사람 같고 쓸모는 좋으나 모양이 좀 부족한 그릇은 내면은 비록 충실하나 외모가 부족한 사람 같으며 모양은 좋으나 쓸모가 부족한 그릇은 외모는 좋으나 내면이 부족한 사람 같으며 모양과 쓸모가 부족한 그릇은 내외가 다 부족한 사람 같으며 모양과 쓸모가 다 있게 보인 그릇으로서 흠이 생긴 그릇은 중도에 사심이 동하여 스스로 타락한 사람과 같지 않는가 하고 그 중에서 제일 모양도 좋고 쓸모도 많고 흠결도 없는 그릇 한 개를 사서 가지고 집으로 돌아와서 귀중품으로서 보관하고 긴요한 곳에 잘 사용하여오던 바 얼마를 지난 후에 또 그릇을 쓰기 위하여 찾아본즉 언제 그런 줄도 모르게 어디에 대질려서 금이 좀 나게 되었습니다. 저는 그것을 보고 한참 동안 애석히 여기었으나 그 그릇은 벌써 무가치한 그릇이 되고 말았는지라 이에 따라 다시 종사주의 법설을 생각하며 중도에 혹 사심이 동하여 그 인격에 결함된 자를 더욱 애석히 여기는 동시에 저의 마음을 다시 조사하며 더 한층 경책한 바가 있었습니다.

  아! 과연 그렇습니다. 아무리 외모가 아름답고 지식이 충분할지라도 마음에 흠결이 생긴다면 그 사람을 무엇에 쓸 바가 있으리요. 차라리 근본적으로 못난 것과 조금도 다름이 없을 것입니다. 그러나 그 그릇은 한갓 고정한 물건이라 좌우간 한번 제작이 되었고 또는 한번 흠결이 생긴 이상에는 다시 변경하기가 어려우며 사람의 육신도 또한 그와 같아야 한번 생긴 이상에는 다시 변할 수가 없는 것이되 사람의 마음은 각자의 공부를 따라 마음만으로도 능히 변할 수가 있어서 한 가지 쓸모 있는 인격으로써 열 가지 쓸모 있는 인격이 될 수도 있고 열 가지 쓸모 있는 인격으로써 백 가지 천 가지로 쓸모 있는 인격이 될 수도 있는 것이며 또는 중도에 혹 결함된 인격이 될 수도 있는 것이며 또는 중도에 혹 결함된 인격이 되었다 할지라도 다시 뉘우치어 그 본 인격을 회복할 수도 있는 것이다. 우리는 외모가 혹 못생겼거니 지식이 혹 부족하거니 중도에 혹 결함이 생겼거니 하는 모든 생각을 타파하고 오직 새로운 마음으로 용왕매진(勇往邁進)한다면 모든 것이 우리의 심리를 따라 인격을 성취할 줄로 믿습니다.

  옛적에 서애(西崖) 유상국(柳相國)은 오척단구(五尺短軀)로서 그 위의가 초초(草草)⁶²⁾하되 능히 일국을 재흥(再興)하는 큰 인격이 되었고 당나라 상국(相國) 배도(裵度)는 걸인의 얼굴로도 능히 천하에 유명한 재상이 되었으며 은나라 태갑(太甲)은 처음에는 마음이 방탕하여 나라가 거의 망하게 되었다가 한번 개과(改過)함을 따라 은국(殷國)을 다시 중흥한 일도 있었으니 과거 역사를 다 추구(追究)⁶³⁾한다면 마음으로써 그 인격을 향상한 사람과 타락한 사람이 어찌 그 수를 헤아릴 수 있겠습니까. 그런즉 우리는 이 모든 것을 증거하여 항상 우리의 인격양성에 노력하여야 하겠다는 생각이 나서 몇 말씀 기재하였나이다.

        공타원(空陀圓) 조전권은 원기 20년말에 남부민지부 교무로 부임하였다. 이듬해 조전권의 감상문인 「인격에 대하여」가 원기 21년 10월호인 〈회보〉 제29호에 소개되었다.

  원기 21년 7월 17일에 소태산 대종사는 남부민지부 예회에서 「불법혁신 내역」에 대하여 설법하였고, 24일부터 30일까지 1주일간 오후 7시 30분부터 9시 30분까지 초량사립학교를 빌려 소태산 대종사의 교리강습회가 있었다. 강습회에는 100여 청중이 매일 참석하였다. 강습회에서 부산지역 회원들의 많은 교리 이해가 있어 부산교화가 더욱 다져지는 기회가 되었다.

---

62) 초초(草草) : 갖출 것을 다 갖추지 못하여 초라하다.
63) 추구(追究) : 근본까지 깊이 캐어 들어가 연구함.

마이산을 구경하고

김정종

　진안 지방을 찾아오는 손님은 수고를 물론하고 마이산(馬耳山)을 찾아보지 않고 가는 이는 적은 줄로 믿습니다. 저는 일찍부터 마이산에 대한 전설은 들어 왔으나 실지를 구경하기는 금번이 처음이었습니다. 우연한 기회에 모형(某兄)과 동반하여 오래 소망하던 마이산을 가던 중로에 한 암자가 있었으니 이곳은 전날 나옹화상의 수양지라 하여 나옹암이라 한다는데 여기에는 세상에서 보기 드문 석굴이 있었습니다. 입구가 어두워 불을 켜들고 속으로 약간 들어가니 굴속은 밝기도 하려니와 주위는 상당히 넓어서 사방이 한 3간 가량이 되어 보이며 바닥은 평평하고 단단한 암석이었습니다. 밖에서 천병만마(千兵萬馬)의 대병(大兵)이 요란을 쳐도 굴 내에는 심히 안옥하고 적적하여서 수양지로는 과연 찾아보기 어려운 곳이라 생각하였으며 늘 보고 듣는 화상의 참선곡(參禪曲)[64]도 이곳에서 창작하셨다 합니다. 일행은 다시 발을 돌려 마이산을 당도하니 과

---

64) 참선곡(參禪曲) : 지형(智瑩)의 대표적 불교가사. 흔히 나옹화상이 지은 것이라 하여 〈심우가(尋牛歌)〉라는 제목으로 《조선가요집성》《가사문학전집》에 실려 있다. 〈심우가〉는 총 193구로 된 것인데 《석문의범》 하권 가곡편에는 〈참선곡〉이라는 제목으로 실려 있고 총 268구로 되어 있다. 이 작품의 제목은 〈심우가〉가 아니라 〈참선곡〉이며, 그 지은이도 나옹화상이 아니라 지형이다.

히 높지 않은 이 산은 돌로 갈리어 바위산으로 되었는데 나무도 별로 나지 않아서 그 형상은 마치 두 저붐짝(젓가락)을 꽂아 놓은 듯한 층암절벽의 산이었습니다. 쳐다보기만 하여도 몸이 떨리는데 그래도 올라가 보겠다는 호기심이 있어 일행은 한참을 올라 가다가 문득 땅을 내려다보니 몸은 어느덧 공포에 질리어 가슴이 뛰놀기 시작하며 정신이 어지러워 더 올라가려는 용기는 간 데 없고 내려가려는 마음뿐이었습니다. 그러나 일행이 쉬지 않고 앞에서 올라가는지라 일행에게 약점을 보이기는 싫어서 없는 용기를 강연히 내어가며 올라가기를 쉬지 않아 결국 상봉에 오르게 되었습니다. 호흡으로 기운을 약간 안정하고 바람에 비켜서서 흐르는 땀을 개이면서 원근(遠近)을 바라볼 때 진토(塵土)에서 선경을 찾은 것 같고 지옥에서 천상에 오른 듯이 그 신선하고 장쾌한 심경은 무엇에도 비할 수 없었습니다. 눈앞에 보이는 것은 다 나의 발 아래 있고 대지 강산과 삼라만상은 모두 나에게 굴하는 듯하니 하염없는 만족의 웃음이 어느 순간에 저의 마음을 무한히 위로 시켜 주었습니다. 이에 따라 일시의 공포에 쌓였던 마음은 다시 새로운 길을 발견한 듯 충천하는 용기를 얻었으며 동시에 나의 활로(活路)[65]에 진실히 느껴진 바가 있었으니 첫째는 무슨 일을 물론하고 성공하여 낙(樂) 수용하기는 쉬우나 중로에 모든 난관을 돌파하고 나아가기가 어렵다는 것이요 다음은 고(苦) 없는 성공은 없다는 것입니다. 과연 제가 지금까지의 일로만 볼지라도 만일 공포에 눌리어 그 산을 다 오르지 못하였다면 이와 같이 신선하고 장쾌한 심경의 만족은 고사하고 도

---

65) 활로(活路) : 곤란을 헤치고 살아갈 수 있는 길.

리어 일행에게 수치를 면치 못할 것은 사실이 아닙니까. 그러나 지금 사람들은 무슨 일이든지 한번 시작하여 놓고 중간에 어떠한 난관을 당하게 될 때에는 그를 능히 감내하지 못하고 결국 중도에 폐지하고 마는 것이 대부분이라 하겠습니다. 그러므로 서양 어느 학자는 말하기를 "노력과 인내는 성공의 어머니(母)다" "노력이 없는 성공은 물위의 거품과 같다" 하여 이를 경계하였나니 무슨 일을 물론하고 그 일에 대하여 완실한 성공을 하기로 하면 제일 먼저 고 없는 성공은 없다는 것을 각오하고 그 많은 난관을 인내해 가는 것이 공(功)을 바라는 자의 한 과정일 것입니다. 겸하여 우리는 일찍이 희귀한 대도 성문(聖門) 초창기에 입참하여 제생의세의 중대한 사명을 양편에 짊어졌나니 어찌 순경만으로써 진행되기를 바라리요. 우리는 다시 한번 '고 없는 성공은 없다' '노력과 인내는 성공의 모(母)' 라 하는 이 성공의 비결을 미리 각오하여 어떠한 천신만고(千辛萬苦)⁶⁶⁾와 함지사지(陷之死地)⁶⁷⁾를 당하여도 퇴굴치 아니하여야 되겠습니다. 이리된다면 결국 우리의 장래에 성공이 있을 것이며 한량없는 행복이 올지니 어찌 저 산을 올라서 만족을 얻음과 다름이 있으리요. 이러한 생각을 마음 깊이 느끼면서 서서히 내려와 마이산과 인연이 깊은 이갑룡 선생을 방문하니 해는 이미 서산에 걸쳐 어두움이 깊어질 때였습니다. 그는 나이가 60이 넘어 보이는 노인으로 수십 년간을 이 산에 주재하면서 신령(神靈)을 신봉(信奉)한다는데 시방세계 신령을 대표한 수가 삼백 육십 신이라 하여 삼

---

66) 천신만고(千辛萬苦) : 천 가지 매운 것과 만 가지 쓴 것이라는 뜻으로 온갖 어려운 고비를 다 겪으며 심하게 고생함을 이르는 말.
67) 함지사지(陷之死地) : 목숨이 위태로운 처지에 빠짐.

백육십 개의 백기(白器:사발)에 청수를 떠놓고 하루에 세 번씩 새 물을 갈아 놓는다 하니 그 정성도 어지간하거니와 일방으로는 탑 쌓기를 전력하여 여기저기 쌓아 놓은 탑은 모두가 기계적이어서 사람의 기술같이 안 보였습니다. 여기서 또 한 가지 느낀 바가 있으니 저와 같은 정성과 공력을 가지고 더 좀 유효한 사업을 착수하였더라면 성공도 성공이려니와 공덕도 더 크지 않을까. 60 평생을 산에서 탑이나 쌓고 청수만 모셨으니 저 법을 세상에 가르쳐 무슨 필요가 있을까. 수신(修身)에는 무슨 필요가 있으며 제가치국(齊家治國)엔들 무슨 필요가 있을까. 오고 가는 사람들이 산을 볼 때 이는 이갑룡 선생 소작(所作)이라는 그 이름밖에는 남은 것이 무엇일까 함이었습니다. 과연 사람의 일생에 할 수 있는 무슨 일 하나를 착수키로 하면 먼저 선도 악도와 사업의 대소를 알아서 같은 값이면 세상에 필요 있는 일을 하는 것이 어른스러운 일일지니 이러한 느낌이 나는 순간 저는 이 대도사업에 입참하게 된 것을 새삼스럽게 만족하여 마지않았습니다. 친절히 맞아 주는 씨를 작별하고 주거지인 당 지부를 당도하니 때는 밤 9시가 넘은 때이었습니다. 아침에 일찍이 일어나 어제 등산의 소득을 생각하니 첫째는 무슨 일이든지 성공하여 낙 수용하기는 쉬우나 중도에 고를 감내하기가 어렵다는 것과 고통이 없는 성공이 없다는 것과 설사 있다 할지라도 고가 없는 성공은 무가치하다는 것 또한 적은 일이나 큰일이나 정성들이기는 일반이니 기위 무슨 일을 하기로 하면 선도와 악도 사업의 대소를 알아 같은 정성이면 큰 사업과 선한 도에 희생하여야 한다는 것 등이어서 말이 좀 지리(支離)⁽⁶⁸⁾하지만 이로써 몇 말씀 적어 보았습니다.

　　　　　　　김정종은 김제에서 완타원 이만갑의 아들로 태어나 독실한
교도인 모친의 지도로 원기 16년 제12,13회 정기훈련 즉 신미 하,동선에
입선하여 전문훈련을 받고, 21세 되던 원기 18년에 전무출신하였다.
　원기 21년 총부 교무부 서기로 근무하던 중 5월 16일부터 마령지부에서
정양을 하였다. 김정종은 정양 중 마령지부 인근에 있는 마이산을 구경하
고 그 감상문을 원기 21년 11,12호인〈회보〉제30호에 소개하였다.
　김정종은 성격이 온건 침착한 만큼 집무에 주밀하였으며 소태산 대종사
의 법자(法子)가 되었다.
　원기 24년 공급부장으로 근무하다가 원기 25년에 퇴역(退役)하였다.

---

68) 지리(支離) : 지리멸렬(支離滅裂)의 의미로 이리저리 흩어지고 찢기어 갈피를 잡을 수 없음.

반지를 본 나의 감상

박사시화

저는 입회한 지가 10여 성상이 되었습니다. 그러나 몸이 늙어서 이목(耳目)에 대한 총명이 감퇴되었으므로 교과서 연습과 기타 훈련조건에 대한 공부는 별다른 소득이 없고 다만 종사주를 모신 신앙심으로 모든 사악함을 다 물리치고 오나 가나 항상 낙 생활을 하고 지냅니다. 지금 혼모(昏耗)[69]한 정신과 두서 없는 말로써 감상을 기록하려 함은 그 누구를 각성시키려는 의미가 아니라 다만 저의 즐거운 마음에서 쫓아나온 것이오니 여러분은 너그럽게 보아 주시기를 바랍니다. 저는 청년시절 우연한 인연으로 경성 도정궁(都正宮)[70]에 가서 살았던 일이 있었는데 그 궁의 노대부인(수양모친)께서는 저를 사랑히 여기시고 애호(愛護)[71] 하시사 부인의 금반지 한 개를 주시거늘 제가 그 반지를 받아 보니 일점의 티끌이 없고 빛이 광명한지라 매우 사랑스러워 여러 해를 수중의 보물로 삼았더니 그

---

69) 혼모(昏耗) : 늙어서 정신이 흐리고 기운이 쇠약함.
70) 도정궁(都正宮) : 조선시대에 종친부, 돈령부, 훈련원에 속하여 종실, 종친, 외척에 관한 사무를 맡아 보던 곳.
71) 애호(愛護) : 사랑하고 보호함.

후에 도정궁을 벗어나서 속세생활을 하게 됨에 동서로 분망하여 그 반지는 묵은 상자 속에 던져 두고 수십 년을 한번도 찾아서 닦지 아니 하였더니 귀중한 금품(金品)이 영영 빛이 퇴색하여 본질을 잃어버리고 진구중폐물(塵垢中廢物)[72]이 되었으니 곧 진흙 속에 잠긴 연꽃이요. 진토(塵土)에 무친 옥(玉)이라 그 가치를 모두 상실하였습니다. 그러다가 근래에 와서 수양모친의 옛 인정을 다시 느끼는 동시에 그 반지를 찾아내어서 여러 번 닦고 닦아서 손에 끼고 지내니 어언간 다시 전일의 광명이 나타났으므로 저는 그것을 다시 만년의 수중보물(手中寶物)로 삼고 인하여 한 감상이 났습니다.

 대저 저의 손에 있는 반지만 그러한 것이 아니라, 이 세상 사람의 정신 양성도 또한 그러한 것이다. 사람의 본래 천품 정신이라 하는 것은 만사 만리를 포함하고 허령청정(虛靈淸淨)[73]하여 일호의 사욕이 없음으로 어려서 천진심을 가질 때에는 조금도 죄업을 짓지 아니하다가 장성하여 정신이 세상 오욕에 천지만엽으로 흩어지면 산란한 정신을 수습할 줄 모르는 것이 보통입니다. 그러나 어떠한 도덕 인연을 만나면 존심양성 하는 방법을 알고 수양의 길을 찾아서 간단없이 진행하면 허령청정한 본체를 회복하고 만사 만리를 통할 만한 광명을 얻나니 이 세 가지 구분으로 되는 것은 곳 이 반지가 처음에 빛이 광명하여 일점의 진구(塵垢)가 없어 사람의 애호를 받고 중간에 수십 년을 상자 속에 장치하여 진구중폐물이 되었다가 종경에 다시 찾아서 닦고 닦아서 손에 끼는 머리에 전일의 광명을

---

72) 진구중폐물(塵垢中廢物) : 먼지와 때가 묻어 있어 아무 소용없이 될 물건.
73) 허령청정(虛靈淸靖) : 잡된 생각없이 마음이 신령하고 맑고 깨끗한.

나타남과 같은 것이니 그러므로 제가 들은 바 《대학》 주해에 명덕(明德)을 밝힘이 거울을 갈아서(닦아서) 다시 밝음과 같다는 '명명덕여마복명(明明德如磨復明)' 말이 다 이와 같은 의미인 줄로 압니다. 그러나 사람의 정신이 밝고 안 밝은 것은 정신을 찾아서 수양하고 안 하는 데에 있는 것이요. 금품이 빛나고 빛나지 아니함은 사람이 찾아서 닦고 아니 닦는 데에 있는 것이니 저는 이 손에 있는 반지를 항상 만져서 마음을 깨우는 자료를 삼고 인하여 두어 말씀 기록하게 된 것입니다.

　

　　　　　일타원(一陀圓) 박사시화가 젊은 시절을 회상하며 쓴 감상문이 원기 22년 3월호인 〈회보〉 제33호에 소개되었다.

　박사시화는 남원에서 태어나 결혼하여 남원에서 살았으나 일점혈육을 두지 못한 채 부군을 사별하고 친정 오빠인 박해산에게 의지하여 살다가 익숙한 바느질 솜씨로 남원 원님을 지낸 도정궁 나리의 부인 수양딸이 되어 부인의 영향을 받아 불연이 깊어졌다.

　서울로 이사하여 살다가 원기 8년 그의 나이 57세 되던 해 지리산 화엄사로 가던 중 삼타원 최도화를 만나 소태산 대종사의 이야기를 듣고 만나뵙기를 소원하였다.

　원기 9년 최도화의 안내로 상경한 소태산 대종사를 뵙고 사제 결의를 맺고 전무출신을 서원하였다.

　그는 매년 정기훈련에 입선하였으며 순교로 임명되어 노구(老軀)를 이끌고 경향 각지를 다니며 제1대내에 가장 많은 575명을 입교시켰다.

종교심의 발로

이완철

　생존 경쟁이 격렬하여 서로 싸우고 다투는 아우성이 더욱 높아지고 욕심의 불길이 끊임없이 떠오르는 이 사회의 한편에 자신은 잘 먹지도 못하고 잘 입지도 못하면서도 저 비참한 구렁에 빠져 신음하는 동포의 손을 붙잡아 주는 인정미의 꽃이 피는 것은 얼마나 우리 일반 사회의 미풍양속이라 할까, 여기에 한 실례를 소개하려 한다.
　우리 경성지부 근처에 한 개 빈민의 토담집이 있었다. 부서진 양철 지붕에 풍창파벽(風窓破壁)[74]의 험상궂은 몰골은 보는 사람의 안목을 신산(辛酸)[75]하게 한다. 화려함을 자랑하는 수도 경성에 이런 현상은 도시문명의 찬란한 빛을 잃게 하였다.
　금년 어느 여름날 일기는 음울한 때인데 이 토담집에서 빈한(貧寒)과 싸우다가 승리를 얻지 못하여 이 세상을 등지고 간 시체 하나가 놓였으니 이는 그 집 여주인이다. 생(生)도 유지 못하는 그 생활

---

74) 풍창파벽(風窓破壁) : 뚫어진 창짝과 헐어진 담벼락의 뜻으로 무너져 가는 가난한 집을 일컫는 말.
75) 신산(辛酸) : 힘들고 고생스러운 세상살이를 비유적으로 이르는 말.

에 죽음을 치송(治送)[76]할 계책이 있을 리가 만무하다. 그 주인 남자는 어찌할 도리가 없어서 눈물어린 눈으로 하늘만 쳐다볼 뿐이다. 시체는 그대로 그 낮을 지내고 그 밤을 지냈다. 이 비참한 소문은 우리 경성지부까지 흘러들어 왔었다. 이 소식을 들은 이성각씨는 자비의 천성에 솟아나는 동정심이 불타오른다. 여기에 동감을 한 김인현씨, 김삼매화씨와 같이 바로 그 집을 찾아가니 상주도 있고 조객도 있어야 할 상가집이건만 사람이라고는 그림자도 볼 수 없고 그의 남편인 주인조차 어디로인지 없어졌다. 인간은 너무나 냉정하고 사회는 너무 쓸쓸하였다. 찬바람이 도는 빈 방안에 아무 세상 모르고 홀로 누워 있는 시체만 처량하게 보인다. 오직 저 자연만이 야박함이 없음인지 아침 하늘의 태양이 그곳까지 찾아들어 처참한 빛으로 불쌍한 주검(송장)을 조상(弔喪:조문)하는 듯 하다. 동정심이 풍부한 그분들의 눈앞에는 아까운 것도 없고, 무섭고 더러운 것도 없었던 것이다. 그 시체를 타인의 시체로 보지 않고 같은 형제의 시체로 보였던 것이다. 즉시에 자기 주머니에 있는 자본을 턱턱 털어내어서 스스로 수의를 짓고 관을 사며 영구차를 불러 완전한 수속을 하여 홍제원(弘濟院) 화장장으로 보냈었다. 아, 저 불쌍한 혼령도 얼마나 감사한 뜻을 갖고 자기 갈 데로 갔을까.

  이에 그들의 심경과 그 행사의 의의에 대하여 범연히 간과할 것이 아니라 한번 검토하여 칭찬하고 드러낼 필요가 있다. 이는 장래 보상을 바라는 공이심(公利心)에서 나온 것도 아니요 이름을 얻으려는 명예욕에서 나온 것도 아니라, 오로지 천연 진심(眞心)의 인류

---

76) 치송(治送) : 짐을 챙겨서 길을 떠나 보냄.

애에서 나온 결정이라 할 것이다. 이 많지 않은 물질이나 그의 진정한 의의에 있어서는 자비(慈悲)가 없는 부호의 금궤 속에 천만원 보담도 얼마나 가치가 더 있다 할 것인가. 그 돈이란 1전 1리라도 몸을 움직여 피땀으로 맺은 산물이다. 그러함에도 불구하고 이것을 자신 생활에 쓰는 데에는 아끼면서 남을 구제하는 데에는 아낌없이 던진 것이다. 물질 그것보담도 그 진정한 정신이 얼마나 훌륭한가, 즉 말하자면 몸과 마음에 자타의 차별경을 벗어나서 자비평등한 불타(佛陀)의 정신을 여실히 표현하였도다. 이성각씨로 말하면 이것이 처음 일이 아니라 한다. 그는 일생을 통하여 자력생활을 하면서 스스로 번 돈은 거의 종교사업이나 구제사업에 던졌다는 것이다. 그는 독신생활 이후로는 몸에 비단 한 올을 붙인 바가 없고 머리에 기름 한 번 바른 바가 없다 하니 이것이 자기 자신을 생각하지 않는 한 실증일 것이다. 언제든지 불쌍한 사람 초상난 것과 불쌍한 사람의 아이 낳는 데에는 발 벗고 나서서 도와 주는 것이 그의 습관적 미행이라 한다. 이것이 진정한 종교인의 본색이 아닌가.

이 기회에 있어 여러분에게 삼가 일언(一言)을 드리려 하노니 현하 세계를 관찰한다면 입으로는 사랑이니 정의니 힘차게 부르짖으며 붓으로는 박애이니 자비이니 기탄 없이 내세우나 그 실지에 있어서는 그것을 실행하는 자가 얼마나 되는가? 이것이 의문이라 만약 이 실행이 있다면 왜 이 세상에 천국과 낙원이 뚜렷하게 건설 되지 못하는가? 그렇다면 현대에 긴급히 요구하는 바는 지행이 일치한 실행일 것이다. 만원(萬圓)의 선언보다도 일전(一錢)의 선행이 얼마나 낫다 할 것인가. 실행이 없는 선과 말은 열매 없는 과수의 꽃과 같다. 그러면 이 실행은 어디서부터 시작할까? 멀리 치국평천하(治國平天下)니 사회개조 제세안민(濟世安民)[77]이니 하는 것 보담도 가까이 안으로 자기의 이기심을 이기며 밖으로 이타행을 쌓아 나가는 데에서 시작해야 된다. 가까운 데서 먼 데로 쉬운 데서 어려운 데로 낮은 곳에서 높은 곳으로 내 몸의 수고를 잊고 물 한 그릇을 떠주는 것도 한 가지 실행이요 길가에 어떠한 늙은이가 무거운 짐을 갖고 가는 것을 보고 자기 힘이 미치는 데 까지는 도와 주는 것도 한 가지 실행이요 길가에 병든 거지가 구제해 달라고 애호성(哀號聲)[78]을 칠 때에 아까운 돈을 아낌없이 던져 주는 것도 한 가지 실행이요, 날 추운 들길에 여러 사람의 발섭(跋涉)[79]의 고통을 내 몸이 대신하여 징검다리 하나를 놓아 주는 것도 한 가지 실행이다. 이런 데에서부터 차차 실행을 하여 간다면 이것이 곧 치국평천하의 기초가 되고 사회 구제의 출발점이 되는 것이다. 혹자는 천당을 바라며 하나님 아버지를 부르고 혹자는 극락을 바라며 부처님을 찾아 애원하나 실행이 없는 그 사람을 천당에 보내줄 하나님이 아니요 극락을 보내줄 부처님이 아니실 것이다. 하나님 아버지를 천 번 부르는 것보담 한 가지 선행을 닦는 것이 나으며 만 번 부처님을 찾는 것 보담 한 가지 일을 잘하는 것이 나은 것이니 천당과 극락을 앉아서 애걸하지 말고 제 발로 걸어 가자는 것이며 또다시 종교인으로서 중요 조건이며 갖추어야 할 본분이며 취할 태도이다.

이상에 논거한 그분들의 미행에 대하여 양의 대소로 평가할 것은 아니다. 오직 종교인으로서 가질 실행이기 때문에 더욱 앞으로 진

---

77) 제세안민(濟世安民) : 세상을 구제하고 백성을 편안히 함.
78) 애호성(哀號聲) : 슬프게 부르짖는 소리.
79) 발섭(跋涉) : 산을 넘고 물을 건너 여러 지방을 돌아다님.

전을 바라면서 찬양하는 바이니 여러분이시여, 이분들의 실행을 표적삼아 작은 일로부터 큰 일에 이르기까지 종교의 정신을 발현 하는 데에 노력하시기 바라는 바입니다.

●

원기 23년 여름, 경성지부(돈암리 회관) 근처에 가난한 여자 한 사람의 죽음에 대한 소식을 들은 이성각, 김인현, 김삼매화가 치상을 해준 이야기를 경성지부 응산 이완철 교무가 원기 23년 11월호인 〈회보〉 제49호에 소개한 것이다.

기타원(基陀圓) 이성각은 원기 10년 동생인 구타원 이공주의 인도로 입교하여 소태산 대종사 상경시 시봉과 경성(서울)역 출영(出迎) 환송을 도맡아 하였다.

경성지부 돈암리회관 건축시에는 소태산 대종사와 사산 오창건, 충산 정일지, 응산 이완철 교무의 식사와 의복을 맡아서 조력하였다.

원기 24년에는 전무출신을 서원하여 개성지부 감원으로 임명되어 전무출신으로 첫 출발을 하였다(개성지부 김영신 교무는 그의 딸이다).

낙타원(洛陀圓) 김삼매화는 원기 9년 소태산 대종사 첫 상경시 육타원 이동진화의 인도로 제자가 되어 원기 19년 출가하여 경성지부 감원으로 원기 27년까지 근무하였다.

화타원(和陀圓) 김인현은 52세시 25세의 외아들이 참변을 당하자 암담함 속에 보따리 행상을 하다 원기 18년 그의 나이 55세시 최제중화의 인도로 소태산 대종사를 배견하고 입교하여 경성지부에 다니며 청법낙도하였다. 그는 원기 29년에 전무출신하여 경성지부 순교로 임명되었다.

맹아(盲啞)만도 못한 나

김영신

저는 이 날까지 눈먼 줄도 모르고 벙어리인 줄도 모르고 다른 맹아(盲啞)[80]를 볼 때 오히려 불쌍히 여겨 왔습니다. 왜 그랬느냐 하면 그는 다름이 아니라, 장님은 대명천지 밝은 날 천지만물을 보지 못하고 다정한 부모 형제의 얼굴도 보지 못하며 어디가 높은지 낮은지 무엇이 좋은지 안 좋은지 어떤 것이 먹을 것인지 안 먹을 것인지도 모르고 살아갈 때 오죽이나 갑갑하고 답답하겠습니까? 그럼으로 나는 불쌍타고 생각하였습니다. 또 벙어리로 말하면 언어를 통하지 못함으로써 슬프다 즐겁다 좋다 낫다는 말도 못하고 또는 부모님을 부른다, 형제간을 부른다, 기타에도 모든 언어의 발표를 말로 하는 것인데 그것을 못하고 '어머니' 하려 하여도 어버버, '아버지' 하려 하여도 어버버, '좋다' 하려도 어버버하여 자기심중(自己心中)에 하고자 하는 말을 발표치 못하고 다만 '어버버' 밖에는 못하니 그 오죽이나 갑갑하고 답답하겠습니까? 그러므로 또한 불쌍타고 하는 것입니다. 그러나 현하 과학의 문명이 발달되고 인심이

---

80) 맹아(盲啞) : 장님과 벙어리를 아울러 이르는 말.

개벽되어 정부에서는 맹아학교를 설립하여 아무리 불행한 사람이라도 살 길을 찾게 하며 어둔 것을 밝게, 모르는 것을 알게 하여 줍니다. 그래서 맹인에게는 안마를 가르쳐 준다. 또는 일반학식을 가르쳐 주어 눈을 보지 못하나 보는 사람과 같이 알게 하는 법이 있고, 또 벙어리에게 양복 짓는 법, 양철 그릇 만드는 법, 소쿠리 짜는 법 등 기타 여러 가지 재조(재주)를 가르쳐 주는 감사한 은혜를 입게 되었습니다. 저는 이전 재학중에 학교에서 맹아학교를 견학한 일이 있었습니다. 그러나 저는 볼 때뿐이요, 아무러한 느낌이 없더니 금번 강습(정기훈련)을 하여 보니 저 역시 맹아학교에 입학한 듯한 느낌이 났습니다. 어째서 그러하냐 하면 종사주께옵서 우리 일반 맹아를 모으사 마치 맹아학교 선생님같이 아무리 알려 주시려고 경을 읽어 주신다, 법설을 하여 주신다, 힘을 다하고 성(誠)을 다하여 성안(聖顔)에는 상기까지 되어서 어서 속(速)히 깨우치려고 고성(高聲)으로도 하시며 혹은 형상(形像)으로 혹은 비담(譬談)[81]으로 이러면 알아들을까, 저러면 눈치를 챌까, 별의별 방법으로 가르쳐 주시건만 나는 두 눈만 껌뻑껌뻑하고 있는 것이 어찌 장님보다 나은 것이 무엇 있으며 종사주께서 또 물으시면 아무 말도 대답 못하니 이것이 벙어리가 아니고 무엇입니까? 이 몸이 이 세상에 나면서부터 동고동락, 동진동퇴(同進同退)하여 친하기로 하면 이외에 더 친함이 없고 가깝기로 말하면 일분일각을 여의지 않는 자성이건마는 있는 곳도 모르고 생긴 것도 모르고 하니 어찌 답답하지 않으며, 성리에 대하여 물으시면 캄캄 절벽이오. 그 답이야말로 동문서답

---

81) 비담(譬談) : 비유하여 한 말씀.

(東問西答)격으로 그 이치에 맞지 않는 마치 벙어리가 '어버버' 하는 것과 무엇이 다르겠습니까? 그러므로 저는 눈도 캄캄, 귀도 먹먹, 입도 묵묵하여 맹아만도 못하다는 생각이 났습니다. 그러면 저~ 보지 못하고 말 못하는 맹아도 그 학교를 졸업하면 각자 일신 하나는 벌어먹고 오히려 타인에게까지 기술로 유익을 주거늘 하물며 눈 뜨고 말하는 우리로서 저~ 불구자(不具者)인 맹아만도 못하여서야 어찌 하겠습니까? 우리야말로 어서 속(速)히 공부하여 자성을 깨워 자신을 제도하는 동시에 일보(一步)를 나아가 고해에서 헤매는 일체 중생을 구제하는 길잡이가 어서 되어야 하겠다는 생각이 났습니다

　　　　　　　융타원(融陀圓) 김영신은 원기 9년 외조모 낙타원 민자연화, 이모 구타원 이공주, 모친 기타원 이성각과 함께 전 가족이 소태산 대종사를 배견하였다.

　원기 13년에 출가하여 총부 서무부 서기, 경성지부 서기를 거쳐 부산 남부민, 초량지부를 신축하며 교화를 하다가 무리하여 병이 나자 원기 22년 총부 제25회 정기훈련 즉 정축동선에 참석하였다가 원기 23년 개성지역 회원들의 초청으로 개성 교무로 부임하여 개성 덕암동에 가옥을 매입하고 출장소를 설립한 후 원기 24년 3월 가옥을 수리하여 출장소의 면모를 갖추고 교화를 하였다.

　김영신의 감상문은 정기훈련 때 느낀 감상으로 원기 24년 3월호인 〈회보〉 제53호에 소개되었다.

매사에 기회를 잃지 말아야 성공할 수 있다

이동임

저의 감상된 바는 다름이 아니오라 본시 농촌에서 거주하는 만큼 자연히 농업에 힘을 써오던 중 특히 금년에는 밭에다가 서숙을 심었습니다. 그러나 여러 가지 일에 구애(拘礙)[82] 되어 제초할 시기에 제초를 하지 못하고 차일피일 미뤄 오다가 생각하여 본즉 때가 너무나 늦었음으로 하루는 일꾼 5, 6인을 데리고 밭에 가서 본즉 잡초가 무성하여 온 밭을 차지하여서 가엾게도 서숙은 그 속에 파묻혀 그 형적을 찾아보기가 어렵게 되어 저는 하도 어이가 없고 기가 막혀 한참을 서 있었더니 마음에서 한 줄기의 감상이 나왔습니다.

오! 그렇구나. 과연 그렇구나. 비단 저 서숙뿐이 아니라 천사만사(千事萬事)가 다 기회가 있는 것인데 그 기회를 잃고 보면 대소사(大小事)를 물론하고 만사를 다 성공 못 할 것이요 허사(虛事)로 돌아가고 마는 것이로구나. 저 서숙으로 말하더라도 그 기회를 잃지 않고 일찍 제초를 하였더라면 오늘에 이와 같이 서숙 농사의 실패가 없었을 것이다. 이것을 미루어 볼진대 나도 지금 청춘시대이지

---

82) 구애(拘礙) : 거리끼거나 얽매임.

만은 이 때에 공부를 부지런히 하지 아니하고 우물쭈물 지내다가 아까운 이 기회를 놓치고 보면 대자연의 바퀴는 돌고 돌아 멀지 않은 장래에 성성한 백발은 귀밑을 찾아올 것이니 그 때에야 후회한들 무슨 소용이 있으며 한탄한들 무슨 가치가 있겠느냐? 정말 한때의 몽중사(夢中事)가 되고 말 것이며 물거품이 되고 말 것입니다. 그런즉 청춘시대의 이 기회와 종사님 같으신 대성현을 만난 이 기회를 잃지 말고 수미산(首彌山)같이 높고 항하수(恒河水)[83]같이 깊은 이 공부의 진리를 부지런히 연구하고 부지런히 실행하여 대성공을 하여야 하겠다는 각성이 났습니다. 또 한 가지는 이 서숙밭과 우리의 심전(心田)과 비교하여 볼 때 우리의 심전(心田)에 뿌린 종자는 무엇이며 심전의 잡초는 무엇인가 생각하여 보았습니다. 그것은 다름이 아니라 성불하기를 발원한 우리 수도인의 심전에는 불(佛)의 종자인 양심의 씨를 뿌렸으며 심전의 양심을 방해하는 잡초는 불신, 탐욕, 나, 우인데 우리는 하루 속히 이 양심을 배양하여 성불의 지경(地境)[84]을 가고자 하나 원수의 이 잡초인 불신, 탐욕, 나, 우는 제초하는 기회를 조금만 놓치면 저 서숙을 둘러싸듯이 그만 양심을 푹 둘러싸서 흔적도 없게 하고 맙니다. 그런대 이 심전에 잡초를 제거하는 기구는 무엇일까요? 그것은 다름이 아니라 신, 분, 의, 성입니다. 이 신분의성으로 기회를 잃지 않고 대조하면은 불신, 탐욕, 나, 우의 잡초는 흔적도 없이 사라지나니 우리는 또한 이 심전 제초의 기회를 때로 살피고 날로 살펴서 저 서숙 농사와 같이 실패

---

83) 항하수(恒河水) : 갠지스 강의 물.(항하사 : 갠지스 강의 모래라는 뜻으로, 무한히 많은 곳 또는 그런 수량을 비유적으로 이르는 말.)
84) 지경(地境) : 나라와 지역 따위의 구간을 가르는 경계.

되지 않도록 하여야 되겠으며 불(佛)종자인 양심을 잘 키워서 꽃도 피고 잎도 피며 좋은 열매가 많이 열어서 일체중생의 심전에 선근 종자가 되어야겠다는 감상이 났습니다.

●

 이동임의 감상담을 하단지부 형타원 오종태 교무가 수필하여 원기 24년 9월호인 〈회보〉 제58호에 소개하였다.

 오종태 교무는 원기 20년 부산 남부민지부 서기로 임명되었다. 이듬해 하단지부 삼산 김기천 교무가 병환이 나자 지성으로 간병하였으나 열반하자 그 초종지례(初終之禮)를 다하였다.

 하단지부는 김기천 교무 열반 후 양원국(훈타원 양도신 부친) 지부장이 교무역을 맡아오다가 원기 23년 오종태 교무가 교무로 부임하여 4년간 하단지부 교화를 하였다.

방죽물의 청탁을 보고 수양의 이치를 알았다

최수인화

 이리출장소 마당가에 조그마한 연못이 있는데 어느 때 이인의화 씨가 붕어 열세 마리를 사서 보내와 저는 그 연못에 넣었습니다. 그랬더니 날이 가물은 관계인지 붕어가 잘 크지 못하고 죽는 시늉을 하는 것을 볼 때 하도 마음에 안쓰러워 어떻게 하면 잘 살릴까 하고 때때로 새 물도 넣어 주며 먹을 것도 넣어 주며 볕을 가려서 그늘도 지게 하였더니 다행히 그 중 일곱 마리가 살게 되었습니다. 저는 틈 있는 대로 그 연못가에 가서 고기 노는 것을 볼 때 항상 그것들의 노는 모양을 신기하게 여기고 있었더니 하루는 그 물이 별안간 변하여 탁(濁)해 저서 연못 속은 고사하고 고기도 전연 보이지 아니하여 대단히 궁금증을 느끼고 있었습니다. 그러다가 하루 아침은 일찍 자고 일어나서 그 연못가에 가서 본즉 물이 맑게 가라앉은 그 곳에는 붕어 일곱 마리가 활활발발(活活潑潑)[85]히 재미스럽게 노는 모습이 완연히 보입니다. 저는 하도 신기하여 한참 동안 그것을 보다가 한 감상이 났습니다. 그것은 다름이 아니라, 오! 우리 마음도

---

85) 활활발발(活活潑潑) : 시원스럽고 여기저기 바쁘게 돌아다니는 모습.

저와 같구나. 저 물도 본래는 청탁(淸濁)이 둘이 아니건마는 경계를 따라서 청탁이 자연 구별되며 따라서 그 물속의 것이 잘 보이고 보이지 않는 것과 같이 우리 사람에게도 그 마음 바탕은 부처와 중생이 본래는 둘이 아니건마는 모든 경계를 따라서 청탁이 생겨난다. 부처님은 그 청탁의 진리를 잘 알으시고 모든 욕심을 제거하시고 오직 청정한 마음을 가지심으로 그 마음은 항상 고요하고 항상 광명하시와 저 가라앉은 맑은 물과 같이 대하는 대로 광명을 발(發)하시는 것이요, 우리 중생은 그 경계를 따라 모든 욕심을 제거하고 청정심을 가지지 못한 관계로 그 마음은 항상 시끄러우며 저 탁한 물과 같이 어두워서 모든 일에 밝은 광명을 발(發)하지 못하는 것인 줄을 알았습니다. 그러므로 이것을 미루어 볼 때 저는 어서 속히 잡념을 제거하고 일심을 양성하도록 외수양(外修養)[86] 내수양(內修養)[87]으로 공부해서 저 맑은 물과 같이 저의 마음도 밝혀야 되겠다는 감상이 났습니다.

　　　　　　　경타원 최수인화의 감상문은 원기 24년 9월호인 〈회보〉 제58호에 소개되었다.

대타원 이의인화는 부군을 일찍 잃고 이리 역전에서 전주여관을 하며 숙박업으로 성공했으나 자녀의 토지매매업 실패로 많은 재산을 잃고 신음할

---

[86] 외수양(外修養) : 바깥 세계에 마음이 끌려가지 않게 하는 수양법.
[87] 내수양(內修養) : 안으로 자기 마음을 닦아서 경계와 내가 하나가 되는 수양법. 즉 주객일체, 물심일여의 경지에 도달하는 수양법.

때인 57세시 원기 21년 총부 순교인 최수인화를 만나 소태산 대종사의 법설을 전해 듣고 총부로 찾아가 소태산 대종사의 인과법설을 들으면서 자녀에 대한 미움마저 사라지고 환희심이 솟아났다. 그리하여 그는 공익사업을 하리라는 마음으로 마동에 대지와 건물 3동을 매수 수리하여 이리출장소가 설립되게 하였다. 또한 이리 동산동에 매수한 토지를 교단에 희사하여 훗날 동산선원(현 동산수도원)이 있게 한 시초가 되었다.

 이리출장소에는 총부 통신, 연구부장인 구타원 이공주 교무가 원기 27년까지 출장 예회를 보는 가운데 원기 23년부터 최수인화가 감원으로 근무하며 교무가 없는 회관의 어려운 초창기를 이끌어 나갔다.

벌레 먹은 콩을 보고

장우근

저로 말하면 장구(長久)하다면 장구하고 단축(短促)하다면 단축한 세월에 풍우한서(風雨寒暑)를 무릅쓰고 동서남북으로 분주히 쫓아다니며 무슨 사업이나 하는 듯이 의기양양하게 서둘고 다니던 과거사를 곰곰이 생각할 때 너무도 우치하여 세상에 내놓고 자랑할 만한 역사 한 페이지도 장만한 것이 없으니 이 어찌 탄식할 바 아니리요. 그러나 이와 같은 취생몽사(醉生夢事)[88]의 참담한 생활을 그대로 오래 계속하였다면 나야말로 영겁에서 영겁을 통하여 드나들 때에 말만 들어도 소름이 끼쳐지는 저 무서운 삼악도(三惡塗)를 면치 못하고 육도의 수레바퀴에 업보(業報)를 따라 엎치락뒤치락 하면서 무수한 고통을 받을 터인데 숙세의 인연이 지중함인지 우연한 기회로 천우신조(天佑神助)[89]가 있어 3천년 전 영산회상의 봄바람이 또다시 부산 땅에 불어와 유야무야(有耶無耶)로 몽중생활을 하는 저에게까지 미치게 된 것을 생각할 때 기쁨은 실로 어찌 말로 글

---

88) 취생몽사(醉生夢事) : 술에 취하여 자는 동안 꾸는 꿈에서 본 일.
89) 천우신조(天佑神助) : 하늘이 돕고 신령이 도움.

로 다할 수 있겠습니까? 다만 하루라도 늦게 알게 됨은 유감천만이오나 지나간 과거사를 후회한들 소용없는 일이니 돌아오는 미래를 뜻 있게 보내려고 혼자서 굳게 결심하고 지내던 바, 그 어느 날 두태(豆太:팥과 콩)를 추수하는데 그 두태 중에는 아무 결함이 없이 완실한 것도 있고 또 그중에는 벌레가 먹은 것도 있으며 또 그중에는 우글쭈글 우그러진 것도 있었습니다. 이것을 본 저는 한 의심이 나기를 왜 다 같은 두태로서 천지의 풍운우로도 다 같이 받았을 것이며 인공(人功)도 다 같이 받았을 것인데 이와 같이 각양각색의 모양을 가지고 있는가 하여 여러 가지로 생각한 결과 문득 감상이 나기를 오! 어찌 저 두태뿐이리오. 불법연구회에 참예한 여러 회우들도 이와 같아서 회원이라는 이름도 다 같으며 대성 종사주의 거룩하옵신 도덕의 훈련도 다같이 받건마는 그중에는 지혜가 밝아서 각자의 구할 바가 오로지 이 공부, 이 사업에 있는 것을 생각하여 일호의 사심 없이 꾸준한 정성으로 그 목적을 완전히 달성하는 자도 있고 또 그중에는 모든 마군이에 흔들려서 공연히 세월만 허송하여 낙오가 되는 자도 있으며 또 그중에는 건성으로 인형 허수아비와 같이 남의 정신에 끌려 사는 사람도 있을 것이다. 그러면 저는 어느 편에 속한 사람이라 할까요? 저도 아직 마군이에게 흔들려서 허송세월하는 지경을 벗어나지 못하였습니다. 그런즉 저는 삼대력 공부를 부지런히 하여 저 두태 중에도 우글쭈글하거나 벌레 먹은 두태가 되지 말고 완전한 두태가 되어야 하듯이 우리 공부에도 삼대력 가운데 하나라도 모자라고 부족함이 없이 원만히 성취하여 일원상과 같은 인물이 되어야 하겠다고 결심하였습니다.

장우근은 원기 24년 6월에 입교하여 하단지부 예회 출석과 정기훈련에 입선 공부를 하였다.

원기 24년 하단지부는 정기훈련 즉 기묘동선을 12월 16일에 10명의 선원이 입선한 가운데 결제하였다.

장우근이 기묘동선에 입선하여 정기훈련을 받으며 발표하였던 감상담을 원기 25년 2월호인 〈회보〉 제63호에 소개하였다.

마음의 때를 닦으라

김양전

저는 본시 어리석고 성격이 또한 너무나 강함으로 매양 그 성격의 과도(過道)함을 괴로워하며 스스로 걱정해 왔나이다. 그러다가 다행히 삼년 전에 본회(불법연구회)에 입회하온 바 때마침 영광읍에서도 야회를 보기 시작하여 매월 일차씩 조만식씨의 자상한 설교를 듣게 되었습니다. 법을 들을 때에는 마음에 감동이 생겨나서 저도 꼭 저 말씀과 같이 심지(心地)를 작용하여 이 세상에서 다시 없는 현량(賢良)한 사람이 되어 보리라고 결심한 적이 여러 번 있었나이다. 그러나 다시 처소를 옮겨서 사물을 접응할 때에는 그 마음은 잠깐 동안에 사라져 버리고 본 성격이 어느 틈에 또 나타나서 모든 비행을 다 지낸 후 다시 생각한즉 습성이란 좀처럼 고치기가 어려운 것이로구나. 내가 2, 3년 동안이나 두고 마음에 이 법을 감탄하면서도 고질병 같은 그 습성은 아직도 고쳐진 점이 별로 없으니 이 같은 자격으로서는 성현 부처되기는 가히 기약하지 못하리라 생각하고 말하자면 타락에 가까운 마음으로 스스로 고통스러워하며 얼마 동안은 야회에도 정성이 적었나이다. 그리하다가 하루는 우연히 물걸레로 때 묻은 장판을 닦다가 한 느낌이 들기를 이 장판의 본색도 처음엔 깨끗하지 않았던가. 그러나 오랫동안 버려두고 닦지를 아니한 결과 그 한 겹 두 겹으로 묻은 때가 검은 종이를 편 것같이 되었는데 내가 이 장판을 닦기 시작한 처음에는 아무리 닦아도 닦아진 형용이 좀처럼 보이지 않더니 오늘까지 쉬지 아니하고 매일 일과로 닦고 또 닦아온 바 이제는 장판의 본색이 완연히 나타나며 물건을 대함에 맑은 영채(映彩)90)가 비치게 되었으니 나의 마음도 또한 이와 같아 근본은 깨끗하여 추호도 티끌이 없지만 못쓸 습관에 한없이 물들어서 오늘의 이 성격을 가지게 되었은즉 마음 닦는 공부도 또한 쉬지 아니하고 하고 또 하고 하고 또 한다면 나의 자성에도 저 장판과 같이 본색이 돌아오고 광명이 나타날 때가 있으리라고 생각합니다. 그러나 장판에 묻은 때는 유형한 물질에 물든 때이므로 닦기가 심히 용이하고 또는 묻어온 기간이 과히 멀지 아니하므로 닦는 기간도 오래지 아니하여 저러한 광채를 발하였거니와 습관의 때는 무형한 마음에 들어 있음으로 닦기가 좀 어렵고 또는 들어온 기간이 이미 오래 되므로 닦는 기간도 상당히 길어야 될 것이니 저는 이 이치를 생각하와 조급한 마음도 내지 않으며 해이한 마음도 내지 아니하여 우리 종사님의 대법하에서 영원히 영원히 묵은 습관을 다 청산하고 청정원만한 본심(本心)을 회복해 보리라고 맹세하였습니다.

---

90) 영채(映彩) : 환하게 빛나는 고운 빛깔.

원기 19년 영산지부 사타원 이원화 감원과 운타원 조만식 순교의 발원과 영광읍에 거주하는 조광철, 정태원 회원의 적극적인 주선으로 조만식 순교 등이 영광읍에서 월 3회 출장예회를 보았다.

원기 22년 영광읍 인근 도양출장소가 설립되자 영광읍에 있는 회원들은 도양출장소에 병합되어 예회를 보기 시작하였다.

그 후 원기 26년 도양지부 향산 안이정 교무가 영광읍 조광철 회원의 주선으로 영광읍 백학리에 선교소 간판을 걸고 4년간 출장예회를 보았다.

도양출장소에 병합되어 예회를 보던 때 김양전의 감상문을 원기 25년 2월호인 〈회보〉 제63호에 소개하였다.

대동강 연대 제자들의 교가정상곡

대성 엮음

●인 쇄│2006년 6월 10일 ●발 행│2006년 6월 15일
●펴낸곳│성풍고등학교 ●펴낸이│박정기
●570-749 전북 익산시 신동 344-2 · (063) 850-3324
●출판등록│1967. 7. 1 제17호

●값 9,000원

＊잘못 만들어진 책은 바꾸어 드립니다.